WESTEND

Henning Venske

Satire
ist nur ein Affe
im Hirn

WESTEND

Mehr über unsere Autoren und Bücher:
www.westendverlag.de

Die Deutsche Nationalbibliothek verzeichnet diese
Publikation in der Deutschen Nationalbibliografie;
detaillierte bibliografische Daten sind im Internet
über http://dnb.d-nb.de abrufbar.

ISBN 978-3-86489-117-5
© Westend Verlag GmbH, Frankfurt/Main 2015
Umschlaggestaltung: pleasant_net, Büro für strategische Beeinflussung
Satz: Publikations Atelier, Dreieich
Druck und Bindung: CPI – Clausen & Bosse, Leck
Printed in Germany

Inhalt

Dieser Text ist Hilde gewidmet.
Aber auch dir, Kollegin, und dir, Kollege,
sowie dem Andenken an Reinhard Hippen

Dann ist er zu Haus geblieben
und hat dort ein Buch geschrieben:
nämlich, wie man revoluzzt
und dabei noch Lampen putzt
(Erich Mühsam, 1907)

1. Immer dasselbe

Satire bringt Licht ins Dunkel.

Die Deutschen und das Licht – das Thema muss beleuchtet werden!

Die Deutschen und das Licht – da ist Feuer drin.

Die Sonnwendfeiern! Laterne, Laterne! Lichtmess, Lichtmaschine, Lichtenberg, Lichthupe!

Denken Sie an die begeisternden Fackelzüge des tausendjährigen Reiches – da sah man gleich: Das ganze Land hat einen Kurzschluss. Flamme empor und Feuer marsch, als die Deutschen auch ihre besten satirischen Texte verbrannten. Und als dann alles in Schutt und Asche lag, in der Hitze des Kalten Krieges, als die Glut der Freiheit nur noch glomm – oder heißt es glimmte? –, entzündete Axel Springer seine mutige Offensive gegen den Kommunismus, und Millionen Kerzen erhellten unsere Fenster und schimmerten nach drüben, wenn's nicht brennende Gardinen waren.

Doch das war noch gar nichts verglichen mit der Panik, die sich unter Politikern, Militär, Polizei und Geheimdienst, all dem lichtscheuen Gesindel, ausbreitete, als die Zonis ihre Talgleuchten aus den

Schubladen holten und eine Teelichterrevolution anzetteln. Und nur wenige Monate später:

Die Lichterketten! Überall Lichterketten, bis der Rassismus in Deutschland total verschwunden war. Lichterketten, wohin man sah! Und das Erstaunliche, ja Wunderbare: Bei Lichterketten und Bücherverbrennungen sah man die gleichen Gaffer.

Doch alles wird gut, wenn in dunkler Zeit dem Adventskranz die Lichter aufgesteckt werden. Und noch heller wird's, wenn in seinem Gefolge am deutschen Weihnachtsbaum die elektrischen Kerzen erstrahlen, deren Licht sich in habgierigen Kinderaugen spiegelt. Dann erklingen helle Stimmen, und Christus und der Einzelhandel sind im Lichterglanz vereint. Ja, es weihnachtet – die Christen lügen verschärft. Und niemand sollte sagen, bei uns in Deutschland gäbe es keine Illumination – sprich Aufklärung –, sondern nur eine Energiesparlampenkultur! Nein, wir alle sind leuchtende Tranfunzeln in selbstgewählter Nacht, wenn nicht gar ausgewachsene Armleuchter, allerdings auf höchster Sparflamme, und wir lassen unser kleines Licht hell erstrahlen in der Finsternis, weil wir gar nicht mehr wissen, was ein Scheffel ist. Unsere Satire ist eine echte Candlelight-Satire.

Wir Deutschen sind ein Volk von Satire-Experten. Jeder, der das Wort einigermaßen richtig schreiben kann, hat dazu auch eine meist völlig informationsfreie Meinung. Folglich endet die Diskussion über die Frage »Was darf Satire?« fast immer im Geschwafel. Kenner wissen, Tucholsky beantwortete die Frage mit: »Alles!«

Darf Satire wirklich alles? Wohl kaum.

Im »dürfen« steckt eine Einschränkung, denn »dürfen« und »alles« schließen sich aus. »Dürfen« bedeutet: Irgendwo ist eine Grenze. Satire »darf« sich nicht »alles« gestatten: Antisemitismus, Antikommunismus, Kinder-, Frauen-, Altenfeindlichkeit, Homophobie, Rassismus und Ausländerfeindlichkeit, Nationalismus, Volksverhetzung disqualifizieren jeden Satiriker.

Die Satiriker selbst müssen die Grenzen ihrer Satire bestimmen – das, denke ich, meinte Tucholsky mit seinem »darf alles«.

Niemand hat das Recht, der Satire Vorschriften zu machen – weder angebliche Stellvertreter irgendeiner Gottheit auf Erden noch jener ARD-Intendant, der einem Mitarbeiter in den 70er Jahren wegen eines satirischen Textes ein Mikrofonverbot »in seinem Haus« erteilte. Zur Begründung teilte er mit, der Satiriker habe »den Freiraum, der für Satire notwendig« sei, immer wieder »erheblich überschritten« und ihm damit gezeigt, dass er »offensichtlich kein Verständnis für das echte Wesen der Satire« besäße. Dieser Intendant, von Beruf, wie könnte es anders sein, Pfarrer, war offenbar

der Ansicht, der Satiriker sei in einen Freiraum eingesperrt, und er, der Geistliche, habe das Recht, diesen
Freiraum zu definieren. Er glaubte wohl, sein Theolo-
giestudium qualifiziere ihn dafür, das »echte Wesen der
Satire« zu kennen. Und vermutlich nahm er an, das
echte Wesen mutiere zum Unwesen, wenn es den Freiraum verlässt, in den es der Intendant eingesperrt hat.

Es gibt fast immer ein Problem, wenn der Satiriker
mit einem hochrangigen Satirekenner zusammen-
prallt. Denn irgendwann wird der Satire-Experte, der
Höhe, Breite und Länge der Satire genau vermessen
hat, mit dem Brustton der Amtskirche verkünden:

»Satire hört dort auf, wo Hetze beginnt.« Wo genau
das ist, liegt in seinem Ermessen.

Von Anfang an bekämpften sich Glaubenssysteme,
Weltanschauungen und soziale Klassen mit Satire. So
wurden beispielsweise im Zweiten Weltkrieg die be-
kanntesten Lieder der Gegenseite mit einem neuen
satirischen Text versehen und über die Propaganda-
sender verbreitet. Auch danach, im sogenannten Kalten Krieg, wurde Satire gern von den Mächtigen genutzt, wenn sie ins politische Konzept passte. So zum
Beispiel »Das Gartenfest«. Das ist ein satirisches Thea-
terstück des tschechischen Autors und Politikers
Václav Havel aus den 1960er Jahren, das gegen den
Totalitarismus und die vom Staat geforderten Sprach-

regelungen, die alles überwuchern, Front macht. Politiker, Publikum und Kritik im Nato-Westen nahmen das Stück dankbar entgegen – »seht ihr, so ist er eben, der Osten«, hieß es, aber dass das Werk auch als Satire auf den Faschismus taugte, fiel kaum jemandem auf …

Bevor man sich müßigen Überlegungen zuwendet, ob – außer den Satirikern selbst – sonst noch jemand berechtigt sein könnte, der Satire Weisungen zu erteilen, sollte man sich ins Gedächtnis rufen, woher die Satire stammt, wie unterschiedlich sie definiert wird, und dass auch ein hochgeschätzter Philosoph in seiner Einschätzung der Satire danebenhauen kann – Schopenhauer war der Ansicht: »So sehr auch auf der Bühne der Welt die Stücke und die Masken wechseln, so bleiben doch in allen die Schauspieler dieselben. Wir sitzen zusammen und reden und regen einander auf, und die Augen leuchten, und die Stimmen werden schallender: ganz ebenso haben andere gesessen, vor tausend Jahren: es war dasselbe, und es waren dieselben: ebenso wird es sein über tausend Jahre.«

Schopenhauer ist unpräzise: Die Stücke wechseln nicht. Seit die Menschheit denken kann, geht es um Krieg und Frieden, Arm und Reich, Macht und Ohnmacht, Moral, Gesundheit, Religion, Ausländer und Korruption; in den letzten 5 000 Jahren ist ein einziges Thema neu hinzugekommen: die Atomtechnik. Die erste Technik, die es der Menschheit erlaubt, sich selbst auszurotten. Ansonsten: Immer dieselben Themen, und jedes Thema findet regelmäßig sein Recycling.

Was wechselt, da hat Schopenhauer recht, sind die Masken: Das Personal wird immer wieder ausgetauscht, aber Aufgeblasenheit, Dummheit, Eitelkeit, Nutzlosigkeit, Schwatzhaftigkeit, Habgier, Rücksichtslosigkeit und Größenwahn bleiben unverdrossen im Amt.

Die Satire tritt als Dreifaltigkeit in Erscheinung: Als geschriebener Text – in Prosa- oder Gedichtform –, als Spiel oder Lied auf der Bühne und als Karikatur. Kabarettisten sind Verbalkarikaturisten, aber ob die Karikatur nun eine bildliche Form der Satire oder ob die Satire eine Karikatur in Textform ist, darüber kann ja mal in den dritten Programmen diskutiert werden.

Wenn Satiriker und Kabarettisten hören »na, da ist doch jetzt eine gute Zeit für euch, die Politik liefert doch Stoff ohne Ende«, können sie nur erschöpft grinsen: Gewiss, die Namen der verantwortlichen Blödmänner ändern sich, aber es geht immer so weiter mit der Rüstung, mit dem Sozialabbau, den Kürzungen im Kulturhaushalt, der Kündigung der Solidargemeinschaft und der Fremdenfeindlichkeit.

2. Den Spiegel vorhalten

Die Griechen haben Schuld. An allem. Sie haben schon immer Theater gemacht. Ihre Festspiele zu Ehren von Dionysos waren Kult: Das Volk ergötzte sich am Spott und an den ausgelassenen Tänzen der Satyrn, lüsternen Waldgeistern mit menschlichem Körper und Tierköpfen mit Pferdeohren.

In Athen wurde jeder Schicksalstragödie von Aischylos, Sophokles oder Euripides ein Satyrspiel angehängt, nicht, um den Staatshaushalt, sondern um das seelisch gebeutelte Publikum wieder ins emotionale Gleichgewicht zu bringen.

Auch wenn das Wort Satire sich wohl nicht von »Satyr« ableitet, sondern vom lateinischen *satis* (genug, satt), etablierte sich die auf der Bühne gespielte Satire, also das politisch-literarische Kabarett, im griechischen Theater zur Zeit des Perikles, als die attische Demokratie erblühte. Der führende Kopf war Aristophanes, der »ungezogene Liebling der Grazien«, wie Goethe ihn nannte. Aristophanes war Zeitkritik und Spaß in Personalunion. Vierzig Jahre lang beherrschte er das attische Theater mit beißender Ironie und glänzendem Wortwitz. Die Themen seiner Stücke entnahm er den

15

aktuellen Geschehnissen und den Diskussionen auf dem Markt. Seine Dialoge enthielten zahlreiche Seitenhiebe gegen zeitgenössische Promis aus Politik, Kunst und Wirtschaft; die Entwicklung der Philosophie und ihrer Protagonisten beobachtete er argwöhnisch und beschrieb sie mit Gift und Galle.

Doch Aristophanes war ein Mann der alten Schule und artikulierte das Unbehagen der alten Athener gegenüber allem Neuen. Politisch war er konservativ eingestellt und stand der sich entwickelnden Demokratie ablehnend gegenüber. So wurde schon am Anfang aller Satire klar:

Satire und Kabarett sind nicht zwangsläufig jung und fortschrittlich.

Immerhin: Aristophanes hat in seinen Werken zu Versöhnung und Frieden aufgerufen – allerdings ohne die Welt verbessern zu können. Vergeblich hat er – wie alle Satiriker nach ihm – Kriegsgewinnler, Waffenfabrikanten, Maulhelden und Bierbankpolitiker attackiert, und vergeblich hat er sich mit dem üblen Kriegshetzer und Bürgergeneral Kleon angelegt.

Um den Mut des Aristophanes zu ermessen, stelle man sich vor, ein deutscher Satiriker hätte im Ersten oder Zweiten Weltkrieg ein Stück wie »Lysistrata« verfasst mit der Aufforderung: Deutsche Frauen sollen in den Liebesstreik treten, bis die tapferen Helden der Wehrmacht die Waffen niederlegen und Frieden schließen – der Verfasser wäre alsbald als Vaterlandsverräter verdammt, vor Gericht gestellt, eingekerkert und möglicherweise sogar umgebracht worden …

Wenn heute, zweieinhalbtausend Jahre nach Aristophanes, ein Satiriker feststellt, es sei keineswegs die Pflicht eines Mannes, uniformiert in den Krieg zu ziehen, sondern seine Pflicht sei es, die Nachbarn freundlich zu grüßen, den Garten zu bestellen und für den Lebensunterhalt seiner Familie zu sorgen, und überhaupt, Soldaten seien Mörder: dann kriegt er Ärger. Und die Leute, die meinen, es sei sinnvoll, die deutsche Freiheit am Hindukusch zu verteidigen, werden schnell dafür sorgen, dass er seine Ansichten nur noch in kleinem Kreis äußern kann.

Im zweiten vorchristlichen Jahrhundert machte Lucilius in Rom die Satire zu einem scharfen Instrument der Angriffslust, hundert Jahre später schrieb Horaz seine satirischen Gedichte in Hexametern, die er »Sermones« nannte: in vermeintlich mildem Plauderton, fast unverbindlich, teilte er der Leserschaft seine Ansichten zu einigen unangenehmen Wahrheiten mit. Für Horaz war die Ästhetik eines Textes von großer Bedeutung – sie sollte den Ansprüchen eines verfeinerten Geschmacks genügen.

Wieder rund hundert Jahre später gelangen dem gnadenlosen Gesellschaftskritiker Juvenal brillante Formulierungen. Juvenal verdanken wir unter anderem solche Sentenzen wie »difficile est satiram non scribere«. Das kann man wohl bis heute sagen: Es ist wirklich schwierig, keine Satire zu schreiben.

Petronius und Lukan propagierten zu Zeiten Neros die Republik gegen dessen monarchistisches Tyrannentum. Ursprünglich trotzdem vom poetisch ambitionierten Kaiser begünstigt, verbot Nero Lukan dann jedoch jedes öffentliche Auftreten: Ihm fielen die sarkastischen Pointen und die gekonnt formulierten Paradoxa, mit denen der Satiriker auf die Absurdität der Welt hinwies und das Nero-Regime kritisierte, schließlich derartig auf die Nerven, dass er Lukan der Beteiligung an einer Verschwörung bezichtigte und ihn zur Selbsttötung zwang. Der Suizid ist, wie die Geschichte zeigen sollte, eine unter Satirikern durchaus verbreitete Todesursache.

Tucholsky widmete Lukan ein Gedicht:

Du warst nicht von den sanften Schreibern.
Du zogst sie splitternackend aus
und zeigtest flink an ihren Leibern:
es sieht bei Göttern und bei Weibern
noch allemal der Bürger raus.

Die bemerkenswerteste Hinterlassenschaft von Petronius ist der Roman »Satyricon« mit dem »Gastmahl des Trimalchio«, in dem er den Lebensstil der neureichen Gesellschaft im Rom des ersten Jahrhunderts verhöhnt. Nero beschuldigte auch ihn der Konspiration, und Petronius schnitt sich ebenfalls die Pulsadern auf. Aber im Testament des Petronius konnte der Kaiser nochmal seine Ausschweifungen mit Namensnennung der an den Partys beteiligten Personen nachlesen …

Im Mittelalter nahmen Narren die Stelle der Satiriker ein. Narren fanden sich sowohl im ritterlichen Gesinde als auch an Fürstenhöfen. Für die dort tätigen Hofnarren galt die Narrenfreiheit, die es ihnen ermöglichte, ungestraft Kritik an den bestehenden Verhältnissen zu üben. Sogar das Parodieren von Adeligen war den Hofnarren erlaubt. Seitdem wird häufig schon das simple stimmliche Nachäffen ohne jede inhaltliche Kritik für Satire gehalten.

Zu den Insignien des Narren gehörte ein Spiegel – ursprünglich ein Zeichen, dass der Narr in sich selbst verliebt sei und Gott nicht erkenne. Damit unterstellte man dem Narren eine Verwandtschaft mit dem Teufel, der für den Ursprung aller Narrheit stand.

Zur selben Zeit wurden aber auch Affen mit Spiegel abgebildet – man machte aus den Primaten ein Symbol für Eitelkeit, Schamlosigkeit, Boshaftigkeit und Habgier. Der Affe galt als neugierig, hinterlistig, lüstern, ungezügelt, frech und schlau, er verkörperte beide, Schelm und Teufel, und ein gefesselter Affe galt als Symbol für den besiegten Teufel.

Doch das Motiv der drei Affen, die sich aus allem raushalten und absolutes Desinteresse empfehlen, indem sie nichts hören, nichts sehen und nichts sagen, ist vermutlich japanischen Ursprungs. Allerdings war schon im Mittelalter ein lateinisches Sprichwort bekannt, das Ähnliches predigte – »audi, vide, tace, si tu vis vivere in pace«: Höre, sieh und schweige, wenn du in Frieden leben willst. Heute hat der Satiriker seinen Affen im Hirn: Er hört alles, sieht alles, und er sagt alles. Der Affe im Hirn verwaltet auch die Depressionen des Satirikers. Und in jeder durchschnittlichen Kabarettkritik kann er sich über die tiefgründige Bemerkung freuen, der Künstler habe Publikum und Zeitgeist »den Spiegel vorgehalten«.

Im 15. und 16. Jahrhundert wurde einerseits die Satire zu einem beliebten Kampfmittel in den Streitigkeiten der Humanisten untereinander sowie in der Auseinandersetzung der Konfessionen, andererseits wurde das Hofnarrentum zur Mode: Im Kampf ums Prestige galt der Hofnarr als Statussymbol für Könige und sonstige Feudalherren. Er entwickelte sich zunehmend zum Unterhaltungskünstler und musste dem wachsenden Anspruch nach geistreicher Unterhaltung gerecht werden. Der Hofnarr sollte das passende Wort zum richtigen Zeitpunkt finden und trotzdem den Herrscher nebst Hofgesellschaft zum Lachen bringen – das war kein leichter Job. Und neben dem Unterhaltungsgeschäft hatten die Hofnarren auch eine Informationsaufgabe:

Sie durften dem Herrscher Mitteilenswertes von den Lebensumstände der Untertanen berichten, allerdings nur im Rahmen der Narrenfreiheit, versteht sich.

In ihrer Freizeit haben sie sich möglicherweise an der Narrenliteratur erfreut – einer volkstümlichen Literatur vor allem im Späten Mittelalter und der Frühen Neuzeit, die menschliche Schwächen karikierte und bloßstellte. Sie sollte der Belehrung und moralischen Besserung der Leserschaft dienen. Bekannteste Figuren dieses Genres sind »Till Eulenspiegel«, dann die Bürger von Schilda und ihre Schildbürgerstreiche sowie »Der abenteuerliche Simplicissimus« von Hans Jakob Christoffel von Grimmelshausen.

Erwähnenswert in diesem Zusammenhang ist Jakob Paul Freiherr von Gundling. Er lebte am Hof des preußischen Soldatenkönigs Friedrich Wilhelm I. Nach umfangreichem Studium wurde er 1705 als Professor für Geschichte und Politik an die Ritterakademie bestellt. Friedrich Wilhelm I. ernannte den vielseitig gebildeten Gundling später zum Hofrat und Zeitungsreferenten und Kurzweiligen Tischrat. Er war Wirtschafts- und Justizexperte von Rang, Kartograph, Literat, Historiker mit Weitblick und Berater des Königs. 1718 löste er Leibniz als Präsident der Akademie der Wissenschaften ab. Gleichzeitig war er, was kaum verständlich erscheint, eine Art Hofnarr – er war Träger von Doktorhut und Narrenkappe auf einer meterlangen Ziegenhaarperücke. Trotz seiner geistigen Fähigkeiten erging es ihm aber schlecht bei Hofe – er wurde von morgens bis abends von der Hofgesellschaft veralbert und gemobbt. Kein Wunder, dass er ein treuer Freund des Alkohols wurde und sein irdisches Dasein traurig in den »Dünsten des Weins« beendete.

Danach gab es für Hofnarren keinen Platz mehr. Einige wechselten als Schauspieler in die Hoftheater, anderen blieb die Zirkusmanege. Und heute benötigt man keine Hofnarren, um die Herrschenden über die Befindlichkeit der Untertanen aufzuklären, weil zum ganz normalen närrischen Treiben unserer Zeit Meinungsforschung, TED-Umfragen, Wahlen, Statistiken und die Narren gehören, die daran glauben. Sie alle unterliegen der Käfighaltung des Fernsehens.

Satiren waren seit der Renaissance in vielen Ländern entstanden. Die Verfasser hießen zum Beispiel Cervantes, Rabelais, Voltaire oder Christoph Martin Wieland. Der bedeutendste Satiriker aber war in der Früh-Aufklärung der Ire Jonathan Swift. In »Gullivers Reisen« attackierte er nicht nur fremde Länder, sondern vor allem die englische Gesellschaft. Mit seinen Texten verärgerte er die englischen Großgrundbesitzer in Irland, und mit seinem Vorschlag, Profit zu erwirtschaften durch den Export von Babys und zur Bekämpfung der irischen Hungersnot Säuglinge schmackhaft zuzubereiten und aufzuessen, erwarb er sich großen Ruhm und viele Feinde.

Kein Wunder, dass sich alsbald ordnungsliebende Theoretiker an die Arbeit machten, um dem Phänomen Satire auf den Grund zu gehen: Johann Christoph Gottsched unternahm dies in seinem »Versuch einer »Critischen Dichtkunst vor die Deutschen« (1730 erschienen), Ernst und Scherz in der Satire zu trennen: Er spricht von einer »lustigen oder scherzhaften« und von einer »ernsthaften oder beißenden« Art: »Die Satire ist nämlich ein moralisches Strafgedicht über einreißende Laster, darin entweder das Lächerliche derselben entdecket, oder das abscheuliche Wesen der Bosheit mit lebhaften Farben abgeschildert wird«.

Friedrich Schiller geht in »Über naive und sentimentalische Dichtung« 1795 einen Schritt weiter: »Satyrisch ist der Dichter, wenn er die Entfernung von der Natur und den Widerspruch der Wirklichkeit mit dem Ideale … zu seinem Gegenstand macht. Dies kann er aber sowohl ernsthaft und mit Affekt, als scherzhaft und mit Heiterkeit ausführen; je nachdem er entweder im Gebiethe des Willes oder im Gebiethe des Verstandes verweilt. Jenes geschieht durch die strafende oder pathetische, dieses durch scherzhafte Satyre.«

(Jeder Satiriker kennt diese beiden schillerschen Möglichkeiten, weil ihn die gestrenge Kritik oft genug darauf hinweist: Entweder agitiert der Künstler mit erhobenem Zeigefinger, oder seine Analyse ist allzu oberflächlich geraten, sonst hätte das Publikum nicht so laut gelacht.)

Seit sich aufgeklärte Menschen darum bemühten, dass rationales Denken und Vernunft in Europa den Ton angaben, galt die Satire als aufklärerische Kunstgattung. Im 18. Jahrhundert schrieb Georg Christoph Lichtenberg seine satirischen »Sudelbücher«, und im 19. und 20. Jahrhundert entwickelte sich dann die moderne Satire.

Adolf Glaßbrenner, der unter dem Namen Adolf Brennglas schrieb und so die Verschärfung des Blicks signalisierte, hatte sich der Bewegung des Vormärz angeschlossen und arbeitete im Spannungsfeld der 1848er-Revolution. Glaßbrenner schuf den »Ecken-steher Nante«, er glossierte die große Politik aus Sicht der kleinen Leute, er »studierte die Straße«, und das Motto einer von ihm gegründeten Zeitschrift lautete »Der Staat sind wir«. Passend dazu sein Lied »Der gut stammelnde Untertan«, ein sogenanntes Vexierlied: Dabei musste sich das Publikum selbst einen Endreim machen – der Satiriker sprach ihn nicht aus, um der Zensur keine Angriffsfläche zu bieten:

> Du Polizei, die dazu da,
> Das wilde Volk zu zügeln,
> Dich möchte ich nur einmal, ja,
> So recht von Herzen prüfen und dich fragen,
> Wer über Dich könnt klagen.

> Ihr Stolzen, Ihr im deutschen Land,
> Vom Rheine bis nach Polen,
> Ihr seid mir durch und durch bekannt,
> Euch soll der Kuckuck hohes Alter melden,
> Euch weisen Friedenshelden.

Eher distanziert sah das der Satiriker mit dem Beifall heischenden Namen Johann Nepomuk Eduard Ambrosius Nestroy. Der sagte: »Die Menschen lachen gerne. Wenn aber einer nach dem anderen merkt, dass er bei den Satiren über sich selber gelacht hat, das bildet eine Masse, die einem's bitter nachtragt«. Das hat Nestroy, der wegen seiner beißenden Kritik am Spießbürgertum mehrfach eingesperrt wurde, selbst erfahren. Vielleicht ist die österreichische Satire deshalb bis heute nie als besonders menschenfreundlich in Erscheinung getreten, sondern bis zu Ludwig Hirsch, Josef Hader und Werner Schneyder als eher larmoyant und morbide, immer nah am Wiener Zentralfriedhof …

Im 19. Jahrhundert schrieben Ambrose Bierce in den USA und Saltykow in Russland, Nikolai Gogol verfasste den »Revisor« und Heinrich Heine seinen »Atta Troll«. Heine, obwohl ein witziger Satiriker, räumte der Satire nur einen begrenzten Nutzwert ein, nämlich die Selbstverteidigung in Verfolgungsnöten. Heine war der Ansicht: »Vor dem Übermut des Reichtums und der Gewalt schützt Euch nichts – als der Tod und die Satire.«

In Deutschland fand gegen Ende des Jahrhunderts die Satire in der Zeitschrift »Simplicissimus« (gegründet 1892) und in der gleichnamigen Brettl-Kneipe (gegründet 1902) ihre künstlerische Heimat: Hier wurden Pomp und Phrasenschwall des wilhelminischen Kaisertums bloßgestellt, hier wurde Ludwig Thoma zu

Deutschlands populärstem Satiriker, der den Kaiser den »jämmerlichen Wilhelm« nannte und bekannte: »Es gibt nichts, was ich mehr hasse als die Anschauung, dass von Zeit zu Zeit die Völker ihre männlichen Eigenschaften im Krieg erproben müssen.« Im »Simpl« karikierten und polemisierten, rezitierten und sangen unter anderem Ringelnatz und Frank Wedekind, hier veröffentlichten Erich Kästner und Karl Kraus sowie die Crème de la Crème der deutschen Literatur von den Brüdern Mann bis Rilke und Hesse, was sie über die bankrotten Adelshäuser, Börsen-Emporkömmlinge, Klerus, Richter, Staatsanwälte, borniertem Gendarmen und eine dumm-arrogante Offizierskaste dachten.

Danach kam die Zeit der immer einflussreicher werdenden Nazis, die man als Satiriker nur mit viel Glück und weit weg von Deutschland überleben konnte: Walter Mehring, der Autor der »Verlorenen Bibliothek«, der, gefragt, ob er »links« einzuordnen sei, antwortete, er sei weder rechts noch links, er sei »vertikal«, dann Erich Weinert, der kämpferische Antifaschist, der mit seinen Schriften deutlich machte, dass die Satire notwendig auf Veränderung der bestehenden Ordnung zielen müsse, wenn sie eine Funktion haben sollte, Bertolt Brecht (»Alle Macht geht vom Volke aus! Aber wo geht sie hin?«), ferner Jura

Soyfer, der 1939 in Buchenwald starb (»Wir sind das schlecht entworfene Skizzenbild des Menschen, den es erst zu zeichnen gilt. Ein armer Vorklang nur zum großen Lied. Ihr nennt uns Menschen? Wartet noch damit!«) und selbstverständlich Kurt Tucholsky (»Politik kann man in diesem Land definieren als die Durchsetzung wirtschaftlicher Zwecke mit Hilfe der Gesetzgebung«).

Nach Weltkrieg II schuf Heinrich Böll mit »Dr. Murkes gesammeltes Schweigen« eine großartige Satire auf die Produktionsbedingungen im Rundfunk jener Zeit, und Loriot produzierte in seiner distinguiert-aristokratischen Art feinste Satiren in der ziemlich humorfreien deutschen Fernseh-Gesellschaft mit ihrem vorwiegend langweiligen Sendungsbewusstsein.

Warum dann aber Erich Mühsam für die deutsche antifaschistische und antimilitaristische Nachkriegsliteratur nicht wiederentdeckt wurde, lag vielleicht daran, dass er immer wieder scharfe Kritik an der SPD geübt und in seinen Texten aufgezeigt hatte, wie die Sozialdemokratie den Gedanken des Internationalismus verriet und mehr und mehr zu einer staatserhaltenden, nationalen, bürgerlichen und militärfrommen Partei verkam. In dieser Umgebung war der Mann, dessen Lebensmotto »sich fügen heißt lügen« lautete, nicht so wohlgelitten und nur noch Lektüre für Leute mit einem ausgeprägten Geschichtsbewusstsein.

Das Volk kaufte lieber Ephraim Kishon, (laut Wikipedia) einer der erfolgreichsten Satiriker des 20. Jahrhunderts im deutschsprachigen Raum. Kishon mag ja ein humoriger Stilist gewesen sein, ein Spötter menschlicher Unzulänglichkeiten, aber er war eher ein Autor für das Boulevardtheater als ein Satiriker. Kishon trug stolz den Orden wider den tierischen Ernst und offerierte nette Harmlosigkeiten. Andere, wirkliche Satiriker saßen zu Kishons großer und einträglicher Zeit hinter Gittern: Peter-Paul Zahl und Fritz Teufel (»Die humorlosesten Leute hörte ich mit dem treuherzigsten Augenaufschlag der Welt sagen: Also, ich habe weiß Gott Sinn für Humor, aber-laber-laber – ist das nicht makaber?).

Hinzuweisen bleibt auf drei Satiriker, die noch tiefer in Vergessenheit geraten sind als Erich Mühsam: Peter Hille, der als Obdachloser durch Europa vagabundierte, von der Polizei als angeblicher Sozialdemokrat verfolgt wurde, aber mit Anarchisten befreundet war. Peter Hille war nach eigener Einschätzung ein Literaturzigeuner. Der enge Freund von Else Lasker-Schüler reimte in einem seiner kabarettistischen Texte:

Was die Gelehrten reden, ist nur Kohl.
Denn eine taube Nuss ist ihr Symbol.
Wie diese ist ihr Schädel hohl
Der Schweine Leder ihr Idol –
Der Weise weiht sich dem Alkohol …

Dann Jakobus Schnellpfeffer – bürgerlich: Carl Georg von Maassen. Für Erich Mühsam war er ein »gelehrter Spötter und ironischer Bücherwurm«, für Ringelnatz ein »hochgebildeter Mann von mitreißendem Humor«. Schnellpfeffer gehörte zum Kern des »Simplicissimus«, wo er satirische Verse aus seinen Gedichtsammlungen vortrug – »Stecknadeln im Sofa« etwa oder »Die Gedichte eines Gefühllosen«. Schnellpfeffer ist ein literarischer Vorfahre des unvergleichlichen Georg Kreisler – beide zeigen die engen Beziehungen zwischen dem Bürgerlichen und dem Schrecklichen auf, wobei Kreisler dieses Bürgertum in seiner fürchterlichsten, der nationalsozialistischen Ausprägung erfahren musste.

Und schließlich Mynona (ein Anagramm von »anonym«): So nannte sich Dr. Salomo Friedländer. Dieser hochgelehrte Philosoph, Autor zahlreicher satirischer Bücher, kann als Begründer der modernen Groteske gelten, und Tucholsky beschrieb, wie Mynona auf ihn wirkte: »… ein lachender Philosoph, denken Sie, was das in Deutschland heißt! Ein Mann, der auf dem

Grund seines Wissens bunt angemalte Gebäude errichtet hat: runde Würfel, siebenundzwanzigeckige Theater, Mädchenschulen aus durchsichtigem Gummi … Mynona! Der auf der Bank der Spötter saß!«

Bei der Aufzählung der Namen, die die Satire entwickelt und geprägt haben, wird deutlich: Satire ist ein durch und durch maskulines Genre. Weibliche Satire ist nicht Gegenstand theoretischer Überlegungen innerhalb der Satireforschung. Folglich stellte die Kabarettistin Hilde Wackerhagen in einem ihrer Texte die berechtigte Frage: »Warum schreiben Frauen so wenig Satiren?«, und beantwortete sie auch: »Satire setzt das tiefe Gefühl von gesellschaftlicher, kultureller Teilhabe voraus. Nur die Mitglieder eines Clubs dürfen sich über denselben lustig machen.«

Der gesellschaftliche Status gestattete »dem anderen Geschlecht« seit den Anfängen der Satire im alten Griechenland nicht den Zutritt zu diesem Club, in dem wortmächtige Männer ihren Herrschaftsdiskurs führten. Frauen waren nicht berechtigt, Kritik an den Herrschaftsverhältnissen zu üben, sie waren deren Gegenstand und Opfer. Dazu kommt: Aggressives Pöbeln oder rhetorischer Vernichtungswille sind literarische Verfahren, die Autorinnen offenkundig nicht so sehr schätzen.

Die Literaturwissenschaftlerin Sigrid Weigel stellte in »Das schaudernde Lachen von Frauen – satirische Schreibweisen« fest: »In der Geschichte sind Frauen denn auch eher in der Rolle der Verlachten als der Lachenden vorzufinden. Eher sind sie Objekt von Spott, Witzen, Zoten und Gelächter, als dass sie selbst etwas zu lachen hätten.«

Und Gisela Elsner, die nach eigener Aussage die erste Frau war, die eine Satire, nämlich »Die Riesenzwerge«, schrieb, schoss in einem Interview 1978 diesen Pfeil ab: »Satiren galten wie Bordellbesuche ausschließlich als Männersache.«

Treffender hätte ein Mann das auch nicht sagen können …

Wenigstens einer Frau soll hier gedacht werden: 1896 brachte Margarete Beutler im »Verlag der Phantasten« ein Bändchen heraus, in dem sie sich selbst beschrieb:

»Geboren bin ich am 13. Januar 1876 zu Gollnow in Pommern. Eine Liebe zu meinen Blutsverwandten habe ich nie gefühlt, deshalb ist es unnötig, sie zu nennen. Erzogen bin ich durch die treueste alle Kinderfrauen: Die Sonne … Was in mir reifte, reifte durch sie. Eines Tages lockte sie mich aus meinem Elternhaus … Die Liebe stellte mich auf einen Hügel und hieß mich Umschau halten. Meine Augen wurden scharf, ich erkannte in trostlosen Dunkelheiten tausend und abertausend gequälte, verhetzte Wesen, die nicht wie ich den Trieb zur Sonne hatten. In dieser Zeit schrieb ich die ›Bilder aus dem Norden Berlins‹. In dieser Zeit ward mein Knabe empfangen in reiner, freier Liebe, denn ich bin meiner Veranlagung nach nicht für eine Ehe geschaffen.«

Margarete Beutler gehörte zur Berliner Bohème der Jahrhundertwende. In ihren Texten kommt viel Bürgerverachtung zum Ausdruck, und mit listigem Vergnügen macht sie in ihren Liedern, Gedichten und Sketchen deutlich, dass zwischen den Ganoven der Unterwelt und denen der oberen Gesellschaftsschicht keine allzu großen Unterschiede bestehen.

1903 tritt Margarete Beutler im Berliner »Cabaret zum siebenten Himmel« auf:

Auf meiner Seele
liegt ein grauer Herd,
ein schwerer grauer Herd
mit vielen Töpfen.
Auf meiner Seele
liegt ein breites Schwert,
am Griff verziert
mit runden Knabenköpfen
und einer Inschrift:
»Weiber müssen dulden!«

Auf meiner Seele
liegt ein Sack voll Schulden,
und auf ihr liegt
– o Gott! –
ein Männermagen!
Ja, kann denn eine Frau
so viel ertragen?

Also – nachdem Beutler schon vor über hundert Jahren vorgeführt hat, dass Frauen sich satirisch fast alles erlauben können, wäre es wohl allmählich an der Zeit, dass sich subversiv gesinnte Autorinnen verstärkt mit zahllosen Satiren zumindest gegen das Patriarchat und gegen Frauenfeindlichkeit in Faschismus und Kapitalismus wehren. Denn die Satire entwickelte sich und existiert, um das Bestehende zu zersetzen: Satire ist Opposition, Satire ist Notwehr, Satire ist eine Waffe. Satire widersetzt sich jedem Zwang, jeder Machtausübung, den Hierarchen und vor allem der Dummheit. Was darf Satire? Alles, was sie kann. Was kann Satire? Alles, was sie will. Was will Satire? Alles, was sie muss. Was muss Satire? Nichts. Aber sie sollte es versuchen.

3. Der Teufel vor Gericht

Satiriker haben, wie die Geschichte zeigt, immer schon gefährlich gelebt: Weil der römische »Soldatenkaiser« Caracalla vermutete, dass die Bewohner von Alexandria Witze über ihn machten, veranstaltete er ein Gemetzel unter der Bevölkerung: Tausende wurden abgeschlachtet. Und als Caracalla glaubte, die Zuschauer im Zirkus in Rom würden sich über ihn lustig machen, befahl er auch dort ein Massaker.

Heinz Greul schreibt in seiner Kulturgeschichte des Kabaretts »Bretter, die die Zeit bedeuten« (Köln 1967): »Für einen kurzen, genussreichen Augenblick sind die Machtverhältnisse verkehrt: Der Unterlegene triumphiert im Witze, die Lust des Lachens hat die Unlust des Erlittenen befreiend aufgelöst. Dem Spott der Herrschenden eignet keine Macht; wohl dem Beherrschten. Der Witz ist die Waffe des Unterlegenen. So argwöhnen jene, diese könnten die im Spott beschlossene Energie in politische Aktion wenden.«

Und dann sind die Herrschenden zu allem fähig: Die Zeiten, in denen schon ein Flüsterwitz, auch in

Deutschland, das Leben kosten konnte, liegen noch nicht sehr weit zurück.

Den Kabarettisten Werner Finck observierte ständig die Gestapo, und 1935 warfen die Nazis ihn wegen seiner Haltung und seiner daraus resultierenden Formulierungen ins KZ Esterwegen.

Den Schriftsteller Salman Rushdie zwang 1988 die borniere Engstirnigkeit islamischer Geistlicher zu einem Leben im Untergrund: Die Herrschaften hatten ihm seine große Koran-Satire »Die satanischen Verse« übelgenommen und Muslime in aller Welt aufgefordert, den Ketzer umzubringen. Wegen eines satirischen Textes zum Tode verurteilt zu werden – weiter kann man es als Autor nicht bringen.

Dann die dänischen Mohammed-Karikaturen: 2006 taten eines sonnigen Januarmorgens Millionen Muslime das, was sie jeden Tag tun – sie setzten sich an den Frühstückstisch und lasen die dänische Tagespresse von vor vier Monaten. Da blieb ihnen vor Schreck der Schweinebraten im Hals stecken: Da hatten doch Karikaturisten tatsächlich Zeichnungen veröffentlicht, die nahelegten, dass der Islam eine gewalttätige Religion sei und dass der Prophet eine Bombe auf seinem Turban transportiere. Das war der Frevel:

Man hatte den Propheten Mohammed gezeichnet. Niemand wusste, wie der Prophet Mohammed aussah, aber in den Karikaturen wurde er sofort wiedererkannt. Die Auseinandersetzungen um diese Karikaturen dauerten monatelang und kosteten über hundert Menschen das Leben.

Den vorläufigen Höhepunkt in der modernen Verfolgung von Satirikern brachte der Januar 2015. In Paris verübten Islamisten einen Anschlag auf die Satirezeitschrift *Charlie Hebdo* und auf einen jüdischen Supermarkt. So viel kollektives Entsetzen und demonstrative Solidarität war selten in Europa. Millionen Menschen, die das Satireblatt *Charlie Hebdo* noch nie in den Fingern und auch noch nie eine Ahnung von Satire hatten, riefen laut »Je suis Charlie!« und erklärten sich so auf einen Schlag zu Satirikern. Millionen französische Satiriker gab es plötzlich in Deutschland, es war eine unglaubliche Satiriker-Schwemme, und es fehlte nur noch, dass Überraschungsgast Joseph Ratzinger bei der Bambi-Verleihung den Überlebenden von *Charlie Hebdo* einen Ehrenbambi für ihr Lebenswerk überreichte.

Aber Solidarität mit Satirikern, also auch mit den von diesen Textern und Zeichnern vertretenen Inhalten? Gegen exzessive Religionsausübung? Gegen Sozialabbau? Gegen Fremdenfeindlichkeit und Rassismus?

Gegen staatlichen Machtmissbrauch? Da stimmte doch was nicht.

Schön, wenn alle diese »solidarischen« Menschen sich gegen eine Einschränkung der Pressefreiheit und für den Erhalt der Meinungsvielfalt aussprechen. Aber dass sich die Mehrheit dieser Bürgerinnen und Bürger seit dem Attentat entschlossen gegen neoliberale Einflussnahme stemmt, ist nicht zu erkennen: Viele dieser so heftig mit *Charlie Hebdo* solidarischen Menschen sprechen auch weiterhin bedenkenlos von Wirtschaftsflüchtlingen und Sozialschmarotzern, obwohl es Konsens unserer reichen Gesellschaft sein müsste, den Preis für das Grundrecht auf Menschenwürde zu bezahlen. Bei den mit *Charlie Hebdo* solidarischen Gewerkschaftern gibt es viele, die sich gegen Beschränkungen bei Rüstungsexporten aussprechen und staatliche Hilfsprogramme für die Wehrindustrie wünschen, und die meisten der angeblich mit *Charlie Hebdo* solidarischen Deutschen waren empört über Karikaturen, die den deutschen Finanzminister Schäuble in Nazi-Uniform und Bundeskanzlerin Merkel mit Hitler-Rotzbremse zeigten. Die Darstellungen waren ja auch falsch: Bei einem Großteil des deutschen Polit-Establishments handelt es sich nicht um Nazis, sondern eher um Steigbügelhalter schon wieder stärker werdender rechtsradikaler Kräfte. Wer will, könnte die Kanzlerin und ihr Kabinett als Hindenburg, Brüning oder Franz von Papen darstellen, deren Politik dem Nationalsozialismus in der Spätphase der Weimarer Republik den Boden bereitete. Insofern hatte die *Bild-Zeitung* – vermutlich, ohne dass ihr das bewusst war – nicht ganz unrecht, als sie der Kanzlerin auf Seite 1 die berüchtigte Pickelhaube aufsetzte. Die von griechischen Karikaturen entsetzten Deutschen sollten aber bedenken: Der eigentliche Skandal sind nicht die Karikaturen, sondern es ist die Zumutung, dass sich die Griechen aufgrund der deutschen Austeritätspolitik wie Untertanen einer deutschen Kolonie behandelt sehen müssen. Und es wäre nur allzu verständlich, wenn in allen griechischen Kneipen Dart-Scheiben mit dem Konterfei von Wolfgang Schäuble aufgehängt und vor allen griechischen Hauseingängen Merkel-Fußabtreter liegen würden.

Besondere Aufmerksamkeit ist geboten, wenn plötzlich neoliberale Politiker und ihre Gefolgschaft Satirefreiheit verlangen und dafür sogar auf der Straße demonstrieren. Solche Publicity-Maßnahmen sollten nicht nur beim Satiriker, sondern bei allen denkenden Menschen Alarm auslösen, denn Satire und Satirefreiheit werden allzu oft missbraucht für völlig andere Interessen.

Solidarität mit Satirikern ist nicht viel wert, wenn man die Satire goutiert, ohne sich über die Hintergründe aufzuregen. Und es muss einem doch zu denken geben, wenn eine satirische Fernsehsendung wie »Die Anstalt«, die sich mit Missständen unserer Zeit befasst, bei einem Flugzeugabsturz aus Pietätsgründen erstmal aus dem Programm genommen wird, während Börsenberichte und Aktienkurse unangetastet bleiben …

Kein Wunder, dass der frühere *Charlie Hebdo*-Zeichner Renald Luzier, der das Attentat knapp überlebte, völlig genervt feststellte: »Man hat's nicht leicht, wenn man von solchen Idioten unterstützt wird wie Angela Merkel« (so zitierte ihn in der *FAZ* der frühere *Titanic*-Chefredakteur Oliver Maria Schmitt).

In Deutschland sind Klagen gegen Satiriker selten geworden, und Beleidigungen des politischen Personals bergen kaum ein Risiko. In der »Heute-Show« vom ZDF kann ein hysterisch brüllender Gnom ohne nähere Begründung Politiker als »Arschlöcher« beschimpfen – das gilt dann als Beweis für Meinungsfreiheit und als guter quotenträchtiger Witz. Konsequenzen sind nur insofern zu befürchten, als der brüllende Gnom auch in allen folgenden Sendungen auftritt, dann aber »Riesenarschlöcher« brüllt oder »Quadratarschlöcher«.

Die Kehrseite: Wenn ein Satiriker in einer Fernseh- oder Rundfunksendung die Werbung lächerlich macht und beispielsweise sagt, dieses »Seitenbacher Bio-Basis-Öl, das kann man sich nicht mal in die

Haare schmieren, da löst sich ja die Kopfhaut ab, Seitenbacher Bio-Basis-Öl, würg & kotz!«, oder er lästert: »Dieses Laxoberal oder wie der Stuhlweichmacher heißt, egal, dieses Mittel gegen Verstopfung ist doch total beschissen, das wirkt ja schlimmer als ein Kind im Ohr«, dann war das für lange Zeit sein letzter Auftritt in einer Sendeanstalt.

Das heißt, man kann heute vor Kamera und Mikrofon so ziemlich alles sagen, man kann Politiker veralbern und beschimpfen, kitschig rumschleimen, Zoten verbreiten oder blanken Unsinn reden –Hauptsache, die Einschaltquote ist so hoch, dass die Sponsoren zufrieden sind.

Nur eins ist nicht ratsam: Die Systemverflechtungen von Politik, Wirtschaft, Werbung und Meinungsmanipulation offenzulegen und anzuprangern. Dann ist man ganz schnell beschäftigungslos. Es sei denn, die betroffene Firma gibt ihren Segen, weil wider Erwarten die Einschaltquote und der Umsatz wegen dieser Negativwerbung gestiegen sind. Wenn ein Kabarettist erklärt, »auch schwule Terroristen trinken warmen Bommerlunder«, und dadurch wird eine Million Flaschen mehr verkauft, ist alles gut. So viel Charakterstärke darf sein. Zu verdanken ist dieser Umstand dem Schutzbedürfnis der »marktkonformen Demokratie«: Was klingt wie eine satirische Wortschöpfung, ist eine sehr präzise Definition für das, was die deutsche Bundeskanzlerin anstrebt: Ein Grundgesetz mit dem Artikel 1: »Der Profit des Unternehmers ist unantastbar«.

Die alles beherrschende Allianz von Wirtschaft, Werbung, Politik und Medien wurde hauptsächlich geschmiedet in den 16 Jahren christdemokratischer Kohl-Herrschaft, als man das Privatfernsehen stark machte, weil man davon überzeugt war, Privatfernsehen sei ein solides geistiges Fundament für eine geistig-moralische Wende. Die ist dann ja auch gelungen.

Heute sind die Medien – egal, ob öffentlich-rechtlich oder in Privatbesitz – die Transporteure der herrschenden Ideologie. Sie predigen den Segen des Konsums, sie versenden Heilsversprechen der Warenwelt, sie preisen die himmlische Gabe möglichen Reichtums für jeden, sie singen das Hohelied der Anpassung und der Akzeptanz, und die Gemeinde der Zuschauer merkt nicht, dass sie einer Uniformierung und permanenten Gehirnwäsche unterworfen wird. Dies allerdings wird nicht thematisiert – das hieße ja die Systemfrage zu stellen. Und das wäre auch in satirischen Zeitungsartikeln oder kabarettistischen Fernsehsendungen nicht wirklich ratsam, will man in diesem Medium weiterhin tätig sein. Trotzdem trifft man gelegentlich Leute, die der Ansicht sind, heute herrsche in den Sendeanstalten eine größere Meinungsfreiheit als früher. »Ihr hattet doch damals die Schere im Kopf«, heißt es dann. Kommt drauf an, was man unter Meinungsfreiheit versteht. Um die Schere im Kopf zu betätigen – dafür braucht man erst mal einen Kopf. Der ist heute vermutlich eher hinderlich.

Wegen der Dominanz der allgegenwärtigen Werbung verbreitete 1981 das Jägermeister-Mobbing in der Satirezeitschrift *Pardon* viel Freude. In der Redaktion hatte man grob durchgerechnet – demnach hatte der Schnapsverkäufer Günter Mast aus Braunschweig in acht Jahren ungefähr 2 000 Anzeigen in Zeitschriften mit durchschnittlich einer Million Auflage für seinen Blaumacher geschaltet. Wenn jede seiner Jägermeister-Anzeigen von drei Leuten (zuzüglich Kindern) angeschaut wurde, ergab das sechs Milliarden Mal den Sinneseindruck: »Saufen löst alle Probleme, nur Saufen hilft mir weiter!« Die Berliner Satiriker Ernst Volland und Wolfgang Krolow hatten diese Jägermeister-Werbung parodiert mit einer Anzeige, auf der ein etwa zehnjähriger blonder Junge, mit der Jägermeister-Flasche in der einen und einem vollen Glas in der anderen Hand, sich genießerisch die Lippen leckt. Darunter stand der Satz: »Ich trinke Jägermeister, weil mein Dealer zur Zeit im Knast sitzt. Jägermeister. Einer für alle«.

Diese sehenswerte Titelseite brachte *Pardon* eine Einladung vor die Schranken der Pressekammer des Hamburger Landgerichts. Die Vorsitzende Richterin und ihre beiden männlichen Beisitzer neigten der Ansicht der Liköranwälte zu, Satire müsse immer gleich als solche kenntlich sein. »Herkunftstäuschung« lautete eine der juristischen Geheimformeln, die den gigantischen Streitwert von einer Million Mark rechtfertigen sollte. Das hohe Gericht machte sich tiefe Gedanken, was für einen hässlichen Eindruck ein Mitleser von der Firma Jägermeister gewinnen musste, der einem *Pardon*-Leser in der U-Bahn gegenübersaß. Sachkundig stellte die Richterin fest: »Sie überschätzen die Intelligenz Ihrer Leser«, und im Namen dieses blöden Volkes erging dann das Urteil: *Pardon* wurde verpflichtet, dem Schnapsmeister den gesamten Schaden zu ersetzen, der ihm durch die Veröffentlichung entstanden war und noch entstand. Die Begründung ist heute, in der marktkonformen Demokratie, besonders einleuchtend:

»Die Kunstfreiheit (muss) im vorliegenden Fall gegenüber dem Persönlichkeitsrecht der Klägerin zurückstehen. Die Beklagte hat (…) beim Durchschnittsleser die Gefahr begründet, die Veröffentlichung (…) für eine Werbeanzeige der Beklagten zu halten. Eine (…) gedankliche Auseinandersetzung mit dem Text der Veröffentlichung nimmt (…) nicht jeder Leser vor.«

Aha – die Doofköpfe müssen vor ihren Irrtümern geschützt werden.

Pardon musste eine Gegendarstellung der Jäger-meister-Spirituosenfabrik abdrucken, setzte aber auf die Titelseite nun die Abbildung eines Säuglings, der gestillt wird. Dazu der Kommentar:

»Ich trinke Jägermeister, weil meine Mami voll davon ist«. Dann ging *Pardon* in Berufung.

Wenig später teilte Jägermeister mit: »Nachdem nun alle für die Klägerin wesentlichen Kreise wissen, dass die … Jägermeister-Anzeige nicht von der Kläge-rin stammt, ist die Angelegenheit für diese erledigt. An einer weiteren Fortführung des Rechtsstreits be-steht kein Interesse mehr.«

Jägermeister übernahm die Gerichtskosten und of-fenbarte so ein Herz für arme Satiriker.

Im folgenden Mai fand die Angelegenheit ihr Ende: Die Parodie einer Jägermeister-Anzeige auf der *Pardon*-Rückseite zeigte einen etwa zwölfjährigen Jungen mit einem Joint und dem Hinweis: »Ich trinke kein Jägermeister mehr, weil mein Dealer wieder ausm Knast raus is' – Jägermeister. Einer gegen alle«. Darauf reagierte die Rechtsabteilung der Firma Jägermeister nicht mehr.

Das ist verständlich: Die potentiellen Kläger, sei es aus Wirtschaft oder Politik, wissen, dass sie wochen- oder monatelang in unangenehmen Glossen durch die Me-dien geschleift werden, solange die gerichtliche Auseinandersetzung dauert – das ist gar nicht gut fürs Image, aus der Klage wird bestenfalls ein Pyrrhus-Sieg, also lieber den Ärger runterschlucken und gar nicht erst auf die Karikatur oder den satirischen Text reagieren.

Als es in München tatsächlich mal zu einem Prozess kommen sollte, weil in einem Kabarettprogramm ein Geistlicher in Ottobrunn mit einem Karl-Kraus-Zitat als »klerikaler Zwergfaschist« charakterisiert wurde und zu befürchten war, dass vor Gericht lang und breit über die Hintergründe dieser Beleidigung gesprochen würde, zog man die Klage auf dringendes Anraten der Bayerischen Staatskanzlei zurück. Deren Chef hieß damals Edmund Stoiber.

Schon Erich Maria Remarque war zu der Erkenntnis gelangt, »es ist schwer, beim Beleidigen gleichwertige Gegner zu finden«. Und es wird immer schwerer – die Beleidigten haben gelernt und lassen die Beleidigung meist unerwidert: Dann erledigt sich die Angelegenheit mangels öffentlichem Interesse innerhalb weniger Tage. So war's auch bei Bernd Neumann. Der hat tatsächlich einmal in seinem Leben etwas Kluges getan – er stellte sich tot und verklagte *Pardon* nicht. Neumann, christlichen Bekenntnisses, von Beruf Lehrer, war Mitglied im Bundesvorstand der CDU, Landesvorsitzender der Bremer CDU, Fraktionsvorsitzender in der Bremer Bürgerschaft, daselbst auch Vorsitzender der Kontrollkommission für den Verfassungsschutz und Bürgermeisterkandidat der CDU in Bremen. Neumann entlarvte die Bremer Universität als rote Kaderschmiede, kämpfte heldenmütig gegen moskauhöriges Lehrerpersonal, legte Wert auf einen ordentlichen Haarschnitt bei Jugendlichen. Und vor allem: Er erkannte frühzeitig die Terrorismusverherrlichung in den Büchern von Erich Fried, wollte sie gar verbrennen, wie es gute Sitte ist in unserem Land.

Als sich dieser bedeutende konservative Politiker in einer lauen Julinacht seine Lederjacke anzog, um mit einigen Parteifreunden zu genießen, was er von Rechts wegen zu geißeln pflegte, wurden die Herren observiert. So gab es nun Fotos, auf denen er ein einschlägig bekanntes Haus durch die Afterpforte verließ und über einen Zaun kletterte, dazu die angemessene satirische Kommentierung.

Bernd Neumann – dessen entschiedener Einsatz für Freiheit statt Sozialismus verdient, nie vergessen zu werden – machte von 1991 bis 2013 eine großartige, ihn der Kultur verpflichtende Karriere: Parlamentarischer Staatssekretär beim Bundesminister für Forschung und Technologie, dann dasselbe beim Bundesminister für Bildung, Wissenschaft, Forschung und Technologie, danach Staatsminister bei der Bundeskanzlerin und Beauftragter der Bundesregierung für Kultur und Medien, und schließlich wurde er Vorsitzender der FFA, der Filmförderungsanstalt. Die Ergebnisse seiner Tätigkeit kann man sich im Kino und im Fernsehen anschauen, muss man aber nicht.

Der Fall Neumann zeigt: Auch wenn die Satiriker noch so vehement auf einen einprügeln – als christlich-konservativer Moralapostel, der politisch ausreichend eingebettet ist, kann man auch Puffbesuche einfach aussitzen.

Zwei Edelfedern der liberalen Oberstudienratspostille *Die Zeit*, die sich in der ZDF-Sendung »Die Anstalt« ungerecht behandelt fühlten, als sie von den Satirikern Max Uthoff und Claus von Wagner prächtig ausgepeitscht wurden, haben nicht so weit gedacht wie der kluge Bernd Neumann: Sie zogen vor Gericht. Die *Zeit*-Herren kannten wohl nicht den Satz von Karl Kraus, der verlangte:

»Die Berechtigung eines ehrlichen Mannes, die Zeit zu peitschen, darf nicht mit dicken Worten zunichtegemacht werden.« Ein Glück, dass ein Gericht in Hamburg in diesem Fall auf Seiten der Satire stand.

Können die von einer Satire Getroffenen und Beleidigten den Witzbold aus Beweismangel oder Machterhaltungsgründen nicht empfindlich abstrafen, dann reicht es auch, ihn als inkompetenten Schwätzer zu diffamieren, der vom Lauf der Welt keine Ahnung hat und der nicht weiß, wie schwierig es ist, beispielsweise zu regieren. Was kann politische Satire schon groß ausrichten? Gern benutzt wird dann das Bild von der Sau, die sich an einer Eiche reibt, und es wird darauf hingewiesen, wie überaus kulant man in Deutschland die Meinungsfreiheit praktizierte. Großmütig wird der Satire eine Ventilfunktion zugebilligt: Wenn die Leute abends über ein paar unbotmäßige Scherze lachen, also Dampf ablassen, gehen sie am nächsten Morgen wieder entspannt zur Arbeit.

In der Zeitung kann man wenig später lesen, dass irgendein Politiker, ein Geistlicher oder sonst ein wichtiger Interessenvertreter entspannt und etwas abfällig gesagt hat: Kabarettisten sind in Deutschland die einzigen, die ungestraft und unbegrenzt Unsinn reden dürfen und dafür auch noch Beifall bekommen.

4. Schlechte Satire ist keine

Das, was in Griechenland als Satyrspiel begann, ist heute eine Literaturgattung, die durch Assoziationen, Spott, Ironie und Übertreibung bestimmte Personen, Anschauungen und Zustände kritisieren und dem allgemeinen Gelächter preisgeben will. Satire kann sich mit allen literarischen Formen verbinden – als Gedicht, Epigramm und Prosatraktat, als Roman oder als dramatisches Spiel.

Wird ein satirischer Text auf die Bühne gebracht – sei es als Monolog, als Dialog, als Chanson oder als Rollenspiel eines Ensembles –, spricht man von Kabarett. Heutzutage empfiehlt es sich allerdings, von »politisch-literarischem Kabarett« zu sprechen, denn der größte Teil dessen, was in den Medien und auf den Kleinkunstbühnen als »Kabarett« angeboten und verkauft wird, ist keine Satire. Den Einschaltquotenhysterikern in den Sendeanstalten ist Satire ein Graus, denn meistens sind die Einschaltquoten dürftig und möglicherweise muss man sich für die Texte auch noch vor den Aufsichtsgremien rechtfertigen.

Folglich ist das meiste, was als Kabarett im Fernsehen gezeigt oder auf Kleinkunstbühnen veranstaltet wird, mehr oder minder gut gemachte Comedy. Seit dem Ende der 80er Jahre ist die Nation flächendeckend diesem wertfreien, aber massenkompatiblen Blödsinn verfallen. In der Comedy wird die Darstellung des zum Brüllen komischen, weil offenbar geistig behinderten Kleinbürgers hochgejubelt, und bei der allseits grassierenden Begriffsverwirrung wird dann auch der Großvater, der seine Gummistiefel vergewaltigt, weil er denkt, es ist sein Rottweiler, als Spitzenkabarett verkauft. Das Repertoire der Komiker umfasst oft mal gerade eine Rolle. Und je häufiger man diese eindimensionalen Comedians sieht, desto beunruhigter fragt man sich, ob hier ein Komiker eine Witzfigur darstellt oder ob er selbst diese Witzfigur ist. Das Klischee hat sich als Marke etabliert. Der Verdacht liegt nahe, das Publikum jubelt über diese Comedians, weil sie stellvertretend in Erscheinung treten für echte Behinderte, über die zu grölen einem anständigen Menschen nicht in den Sinn kommt.

Daneben gibt es den neoliberalen Betriebsfesthumoristen: Arrogant, satt, arriviert, vital wie ein toter Frosch beim Laichen und mit einer höchst mittelmäßigen Bühnenpräsenz ausgerüstet, trippelt er mit kleinen Schritten auf der Bühne hin und her, wechselt sein Mikrofon nach fast jedem Halbsatz von der linken in die rechte Hand und serviert seinem oft sehr anspruchslosen Publikum eine Aneinanderreihung von mehr oder minder alten Witzen über borniert Frauen, zänkische Nachbarn, Schwiegermütter, Ausländer und unangepasste Außenseiter, dazu einige Bemerkungen über Politiker, die entweder schon aussortiert oder kurz davor sind, und das ganze eingebettet in äußerst schlichte Überlegungen, zum Beispiel über die Befindlichkeit des Künstlers beim Besuch des Pissoirs einer Autobahnraststätte. Am Ende fügt er ein Beifall forderndes »nich?« hinzu, ein »oder?« oder ein »isdochso!« und schaut dann mit verführerischem Hausfrauen-Tröster-Blick seiner Binse hinterher. Es folgt: Eine begeisterte Publikums-Reaktion.

Der Mensch kann sein Lachen sehr differenziert einsetzen – von lächelnd bis schallend, von verhalten über grinsend bis wiehernd –, und zwischen Lachen und Johlen besteht ein großer Unterschied. Die große Comedy-Fangemeinde aber lacht nicht, sondern johlt und stößt vor Begeisterung jaulende, spitze Schreie aus – am liebsten bei kompletter Abwesenheit des politischen Witzes, wenn der Künstler sogar auf Zweideutigkeiten verzichtet und seinen Auftritt konsequent eindeutig anlegt. Sexistischer Fäkalhumor füllt die Arena am zuverlässigsten, und ein schlicht gespielter Herrenwitz wird überall verstanden.

Griesgrämigen Bedenkenträgern muss an dieser Stelle aber auch gesagt werden:

Humoristen, Unterhaltungskünstler, Conférenciers, die große Häuser füllen, hat es immer gegeben und wird es auch weiterhin geben. Das Unterhaltungsbedürfnis der Menschheit ist enorm und soll gestillt werden. Gelächter zu produzieren ist eine verdienstvolle Aufgabe, zu lachen ist ein legitimes Bedürfnis, und es ist ein Glück, Komik genießen zu können, ohne ständig den Ernst der Lage im Hinterkopf zu haben. Und es kann auch sehr befreiend sein, mal unterhalb der eigenen Niveaugrenze laut zu lachen.

Im politisch-literarischen Kabarett sind Johlen und Kreischen eher selten. Die gebräuchlichste und auch dümmste Schlussfolgerung derer, die im politisch-literarischen Kabarett stets den erhobenen Zeigefinger vermuten – sie vermuten ihn mehr, als dass sie ihn sehen –, ist die Behauptung: Satire »ist immer so ernst« und »sowas kommt heutzutage nicht mehr an«. Das ist natürlich Unfug, aber Satire war immer eher subversiv – ein intellektuelles Vergnügen für eine oppositionelle Minderheit, Gehirnnahrung und ungehöriges Lachen im kleinen Kellertheater.

Der Ernst der Lage ist maßgeblich für die Haltung des Satirikers, der Ernst ist die Grundlage seiner Satire. Der Satiriker versteht sich auch selbst als Teil der

Welt, die er kritisiert. Teilnahmslos kommentieren, kritisieren, polemisieren – das ist nicht seine Sache. Mit dem Bewusstsein für den Ernst der Lage die Lachhaftigkeit der handelnden Personen vorzuführen: das macht den Erfolg einer Satire.

Charles Chaplin sagte: »Ein echter Satiriker kann nur ein Mensch sein, der im Herzensgrund die Menschen liebt.« Satiriker werden also angetrieben von der Empörung über das Leid anderer. Nicht Zorn und Ekel, sondern Empathie und Mitleid mit den Schwachen, den Hungernden, den Ausgebeuteten und Unterdrückten sind die Antriebskräfte des Satirikers – und dann die Wut auf jene, die das Elend verursachen. Gegen die bringt er sein zynisches Talent in Stellung und nicht gegen die sowieso schon Geschlagenen. Der Satiriker tanzt keinen ständigen Eiertanz zwischen Berufsständen, Klassen, Konfessionen und Lokaleinrichtungen, auch wenn das noch so graziös wäre, sondern signifikant für den Satiriker ist, dass er einen Standpunkt bezieht auf Seiten der Schwächeren.

Will ein Satiriker Leute, die seinen Zorn erregen, anprangern, greift er gern zur grotesken Untertreibung oder, noch lieber, zur maßlosen Übertreibung. Tucholsky gibt dazu seinen Segen: »Die Satire muss übertreiben und ist ihrem tiefsten Wesen nach ungerecht. Sie bläst die Wahrheit auf, damit sie deutlicher wird, und sie kann gar nicht anders arbeiten als nach dem Bibelwort: »Es leiden die Gerechten mit den Ungerechten.« Tucholskys Fazit: »Satire ist eine durchaus positive Sache. Nirgends verrät sich der Charakterlose schneller als hier, nirgends zeigt sich fixer, was ein gewissenloser Hanswurst ist, einer, der heute den angreift und morgen den.«

Der gewissenlose Hanswurst schreibt keine Satire. Die *Stürmer*-Karikaturen in der Nazi-Zeit waren keine Satire. Bizarrer Klamauk auf der Kleinkunstbühne ist auch keine Satire. Nein, dies alles ist einfach nur sauschlechtes Entertainment. Doch schlechte Satire gibt es nicht: Schlechte Satire ist keine. Texte, die das lesende und zuschauende Publikum nicht dazu animieren, weiterzudenken, die das Publikum nicht auch mal verstören, bevor es in Gelächter ausbricht und sich bequem zurücklehnt, sind keine Satire. Satire will wichtige Inhalte thematisieren und sich an gesellschaftlichen Problemen mit Phantasie und Witz abarbeiten. Satire, die sich nicht der Aufklärung verpflichtet fühlt, ist keine.

Provokationen, die Ärger und Revanchefouls der von satirischen Attacken Getroffenen nach sich ziehen, gehören dazu und werden in Kauf genommen. Geschmacklose Ausrutscher, das Bedienen von Vorurteilen und Klischees um des wohlfeilen Lachers wegen, kommen in den besten Kabarettprogrammen vor, leider. Gelegentlich muss der Satiriker seinem Affen eben auch mal Zucker geben – das ist dann meist der Spielfreude, der Lust an der Improvisation und auch der simplen Gefallsucht anzukreiden – diese Vorkommnisse haben mit Satire nichts zu tun. Und Geblödel und Pennälerwitze sind kein politisch-literarisches Kabarett. Eine in ihrer historischen Tradition eingebettete Satire auf Stammtischniveau kann es nicht geben – dafür muss man eine andere Bezeichnung finden. Der Titel »Satire« ist seit Aristophanes geschützt.

5. Gewähr für Ernsthaftigkeit

Seit der großen Bananenparty, dem Treuhand-Beutezug und dem Trabbi-Bashing wurde vieles totgesagt und totgeschrieben: Die Linke sei tot, las man, aber auch die nationale Identität, die Moral in der Politik, völlig tot sei die Kultur im Fernsehen und noch toter das Gemeinschaftsgefühl, die Hilfsbereitschaft und die Wehrbereitschaft, die Steuerehrlichkeit und die Nischengesellschaft, außerdem die Demokratie und die geistig-moralische Wende, die Familie sei mindestens scheintot und die Satire und das politisch-literarische Kabarett seien sogar mausetot.

Auf der Kulturseite der Zeitungen schreiben alternde Zeitgeistnutten das politisch-literarische Kabarett seit 120 Jahren in den Abgrund, Fernsehmoderatoren reden es hämisch in die Gruft, Rundfunkmacher belästigen ihre Hörerschaft mit der düsteren Erkenntnis: »Die Wirklichkeit ist doch viel spannender, überraschender und aberwitziger als alles, was die Bühne zu bieten hat.« Wahrscheinlich wissen die Grabredner gar nicht, was die Bühne zu bieten hat, weil sie nie ins

Theater gehen und ihr Wissen aus Fernsehunterhaltungssendungen beziehen.

Um den alltäglichen politischen Vorgängen den ihnen gebührenden Platz in der Spaßgesellschaft zuzuweisen, erfanden die Medienschaffenden den Begriff »Realsatire«. Das klingt griffig, ist aber nur pointierter Unfug, denn: Satire ist eine Kunstform, und die Realität ist das nicht. Auch Politik ist keine Satire, weder real noch irreal. Realsatire ist ein Widerspruch in sich – etwa wie Blockflötenmusik. Und wenn der frühere deutsche Bundeskanzler Kohl die Sprechblase produziert: »Die Wirklichkeit sieht anders aus als die Realität«, dann ist das keine Satire, sondern eine Synapsenversülzung. Und gewiss kann man auch über den Vorsitzenden der SPD herzhaft lachen. Jedes Mal, wenn der in seinem stets zu knapp sitzenden Jackett das Rednerpult entert, als wollte er es begatten, könnte man ihn für den stellvertretenden Direktor der Augsburger Puppenkiste halten. Aber der SPD-Chef will gar nicht ulkig sein, der findet sich attraktiv …

Wie eine Partei sein soll, und dementsprechend auch die ihr angehörenden Politiker, steht in den Kommentaren zum Grundgesetz. Da heißt es: »Eine ausreichende Gewähr für Ernsthaftigkeit muss gegeben sein.« Eine Gewähr für Ernsthaftigkeit! Nun gut, das

Bemühen um Ernsthaftigkeit sollte man anerkennen. Die Gewähr ist allerdings dieselbe wie beim Verlesen der Lottozahlen …

Im Gegensatz zum Satiriker und zum Kabarettisten legt kein Politiker Wert darauf, dass seine Klientel über ihn lacht. Wenn ein Politiker verbal in die Scheiße tritt, dann unterläuft ihm das. Bei einem gestandenen Satiriker aber können Sie getrost Absicht unterstellen. Folglich ist kein Politiker ein guter Kabarettist. Er erzeugt seine Komik ja nicht mit Absicht, er nimmt lediglich sein Grundrecht auf Blamage wahr. Aber ein professioneller Kabarettist könnte jederzeit und in vollem Ernst einen Staat regieren – wenn ihm das denn als Lebensinhalt genügte.

Der Begriff Realsatire wurde von denkfaulen Idioten ersonnen, um Satiriker und Politiker gleichermaßen zu diffamieren. Denn was erstere mit Absicht und Begabung herstellen – Nachdenklichkeit und Gelächter –, ist bei letzteren purer Zufall: es unterläuft ihnen. Das wäre auch nicht weiter bedenklich, wenn es sich dabei nicht um die Verwalter staatlicher Macht handelte, denen nichts wichtiger ist als ihr Machterhalt. Das bedingt aber ihre völlige Unfähigkeit zur Herstellung von Satire. Was vorschnell-oberflächlichen Betrachtern angesichts der Politiker wie Satire erscheint, ist in Wirklichkeit Insuffizienz, hochdeutsch: schwaches Leistungsvermögen.

Selbstverständlich treten Politiker gelegentlich als Knallchargen auf. Dann knattern sie in ihren Rollen durch die Legislative, dass die Grundmauern des Staates erzittern. So geschehen im Bundesrat: Die einen spielten ganz doll Empört-Sein, dann spielten die anderen Empört-Sein über die, die vorher Empört-Sein gespielt hatten, und die spielten dann ganz doll Empört-Sein über die, die das Über-Jene-Empört-Sein gespielt hatten. Die gespielte Empörung schwappte hoch bis auf die Empöre, und alle waren mit ihren Rollen überfordert: Da saß der Regierende Bürgermeister von Berlin und spielte seinen eigenen tristen Einakter, mit einem Gesichtsausdruck, als habe er Angst, man würde ihn zur Adoption freigeben. Zwei Herren aus Brandenburg spielten Rosenkranz und Güldenstern und decouvrierten sich als saumäßige Fehlbesetzungen, die konnte man noch nicht mal im Weihnachtsmärchen als Schneeweißchen und Rosenrot auf Abonnenten loslassen.

Und dann ein leibhaftiger Ministerpräsident! Der hätte mal, wie einst Bertolt Brechts Arturo Ui, bei einem Knattermimen Schauspielunterricht nehmen sollen, um seinen Traum zu verwirklichen, einmal Richard III. »brutalstmöglich« darzustellen. Besonders auffällig: Die völlig verkümmerte Körpersprache. Er saß hinter seinem Pult, haute mit der flachen Hand mehrmals auf den Tisch, rief »empörend! empörend!

empörend!« und schlug die Lippen über dem Kopf zusammen.

Mit diesem simplen Trick wollte er dem Fernsehpublikum vormachen, dass er fassungslos sei. Der Ministerpräsident spielte Fassungslosigkeit. Ein Schauspiellehrer hätte ihm gesagt: »Nicht doch, Herr Kollege, bei so einem Ausbruch bleibt man nicht sitzen und haut stupide mit der flachen Hand auf den Tisch, nein, bei so einem Ausbruch springt man auf! Man schlägt mit der Faust auf den Tisch oder noch besser, mit der Stirn – das kann sich bei Ihnen sowohl ästhetisch wie auch intellektuell nur als segensreich erweisen.«

Als der Ministerpräsident bei seinem großen Ausbruch einfach hocken blieb, da war allen Zuschauern, die schon mal ein Theater von innen gesehen haben, sofort klar: Dieser Mensch ist so erschreckend unbegabt, der dürfte in einer »Macbeth«-Inszenierung nicht mal ein Gebüsch spielen.

Wie man wirklich Fassungslosigkeit spielt, kann man alljährlich bei der Oscar-Verleihung sehen, wenn der Oscar an die beste weibliche Hauptrolle vergeben wird. Die Damen klammern sich an ihre Trophäe, um angesichts der sie überwältigenden Überraschung nicht zu Boden zu gehen, und Milliarden Zuschauer sind absolut sicher: gleich nässt sie ein. Eine so gekonnt gestaltete Fassungslosigkeit hätte man gern vom Ministerpräsidenten gesehen!

Und in dem Zusammenhang auch ein Wort zu unserer Nr. 1 unter den Politikerinnen: Wenn am Theater eine Kleindarstellerin vom Lande eine Hauptrolle übernehmen soll, hat sie vor Angst die Hose gestrichen voll. Aber sie merkt das dann wenigstens.

Sehr oft, wenn es in den Parlamenten mal etwas lauter und lebhafter zugeht, greifen die Zeitungs-, Fernseh- und Rundfunkkommentatoren zu ihren Theater-Klischees und messen die Volksvertreter am professionellen Theater. Seriöse, aber gedankenschwache Leitartikler fabulieren sich dann was zusammen von theaterreifer Vorstellung, misslungener Inszenierung, von Schmierenkomödie, Posse, Komödienstadl, Staatstheater, Laienspielschar (was zutrifft) und was am schlimmsten ist: von Kabarett. Mal ganz davon abgesehen, dass diese Vergleiche beleidigend sind: Theater kann in der Politik gar nicht passieren. Schon gar nicht »gutes« Theater: Denn wo immer gutes Theater in unserem Lande passiert, kürzt man die Subventionen, und das Theater wird geschlossen … Es ist nicht nur falsch und blöde, es ist auch unfair, das Theater mit dem Parlament und Schauspieler mit Politikern zu vergleichen. Denn so schlecht wie die Polit-Akteure darf man auf einer professionellen Theaterbühne nicht agieren.

Nach dem Bundesratsdebakel trat der Kanzleivorsteher des Saarlandes auf. Das war ein Wurzendarsteller mit dem sonoren Bariton eines Heldenvaters, bei dem man sich unwillkürlich fragt, wie kann der Ministerpräsident eines so kleinen Landes einen so großen Ton anschlagen? Er sprach in seinen Erklärungsversuchen von legitimem Theater.

Was, bitte, ist denn illegitimes Theater? Die Bundesverteidigungsministerin als Prinz von Homburg? Der Bundespräsident als Charleys Tante? Illegitimes Theater ist vermutlich, wenn die Kulissenschieber glauben, in der Politik Hauptrollen spielen zu können, und die Kritiker ihnen eine gelungene Darbietung bescheinigen. In den guten alten Stadttheaterzeiten wären so dilettantische Mimen nicht mal hinter die Bühne gelangt: Der Bühnenpförtner hätte sie gar nicht durchgelassen.

Politiker im Rollenspiel, das ist Abstinken pur. Denn so schlecht wie die Akteure damals im Bundesrat darf man auf einer professionellen Kabarett- oder Theaterbühne nicht agieren, und im Bundesrat ging's ja auch eher zu wie in einer schlecht geführten Theaterkantine. Es ist ein großer qualitativer Unterschied, ob auf einer Bühne über Politik geredet wird oder ob man versucht, Politik theatralisch zu gestalten. Der Unterschied zwischen Theater und Politik ist nämlich der:

Professionelle Schauspieler und Kabarettisten verstehen es, abzugehen. Und wenn ihr Auftritt gut war, dann holen sie sich aus ihrem Abgang den großen und verdienten Applaus. Aber offensichtlich kennt niemand aus dem Politikerensemble Hamlets Rede an die Schauspieler, denn keiner von diesen Politnasen tritt auf, sagt: »Der Rest ist Schweigen«, und hält sich dann auch dran …

Aber ist es nicht die höchste Kunst der Satire, sich selbst zum Gespött zu machen und nicht nur über andere zu spotten? Nein, es ist kein Qualitätsmerkmal, sich selbst zu veralbern. Selbstironie – gut und schön, wenn jemand sie gekonnt einsetzt. Aber sie zeigt auch immer eine gewisse Distanz zu dem, was man denkt, tut und erreichen will.

Für Satiriker ist es – zumindest kurzfristig – recht ermüdend, wenn die eigene Arbeit immer wieder gleichgesetzt wird mit dem Schwachsinn derer, die sie kritisieren. Karl Kraus hat zur Arbeit der Satiriker bemerkt: Wer übertreibt, kann leicht in den Verdacht kommen, die Wahrheit zu sagen, und wer erfindet, erweckt den Eindruck, informiert zu sein. Aussprechen, was ist, das ist keine Kunst – »ein niedriger Heroismus«, sagt Kraus, und: »Nicht dass es ist, sondern dass es möglich ist: darauf kommt es an. Aussprechen, was möglich ist!«

Möglich wäre zum Beispiel, dass ein Satiriker vorschlägt, die Landesregierung von Nordrhein-Westfalen solle doch Flüchtlinge 600 Meter unter Tage in Bergwerken einquartieren, schließlich sei der ganze Ruhrpott ja eine einzige große stillgelegte Zeche, und da hätten diese armen Leute es nach all dem Kriegslärm wenigstens schön ruhig, und die Eingeborenen müssten sich nicht gestört fühlen. Das könnte sein, ist also Satire. Das folgende auch?

Als einer Gemeinde im Ruhrgebiet 21 Flüchtlinge zugeteilt wurden, kamen der CDU-Bürgermeister und die große Mehrheit im Stadtrat auf die Idee, diese Menschen in einer Außenstelle des KZ Buchenwald unterzubringen. Das war zwar eine lausige Bruchbude, 40 Gehminuten von der nächsten Innenstadt entfernt, aber immerhin hatten die Armen ein Dach über dem Kopf und eine Schlafstatt.

Das ist so passiert, ist also keine Satire. Der hirnlose »Heroismus« der Kommunalpolitiker wurde hingenommen, ihr Vorhaben ernsthaft diskutiert. Wäre diese Geschichte als Satire geschrieben worden, wäre das Geschrei groß gewesen, diese Satire sei »geschmack- und pietätlos«.

Doch die reale Begebenheit könnte ja eine satirische Fortsetzung finden: Es gibt durchaus auch gepflegte KZ-Gedenkstätten, wo man Flüchtlinge unterbringen kann: Dachau zum Beispiel, Bergen-Belsen oder Sachsenhausen. Und ein KZ, in dem nicht gemordet, sondern friedlich und harmonisch gekocht, gespielt und geschlafen wird, ist doch ein KZ mit menschlichem Antlitz …

Was im Allgemeinen als Real*satire* konsumiert wird, erweist sich bei näherer Betrachtung als Real*blödheit*: Die Deutsche Phono-Akademie kündigte beim »pläne«-Verlag 1979 telefonisch die Verleihung des Deutschen Schallplattenpreises für Victor Jara an. Eine wichtige Stimme am Telefon fragte: »Sagen Sie, Victor Jara – vom Namen her ist das ja wohl ein Ausländer. Wird er den Preis denn persönlich in Empfang nehmen können?« Victor Jara, der populärste Sänger Lateinamerikas, war bereits 1973 im Stadion von Santiago de Chile von Pinochets Militär ermordet worden.

Im Gegensatz zur realen Politik sind für die Satire die Reichen, die Mächtigen und die Hierarchen Ziel und Opfer. Geschriebene und gespielte Satiren richten sich von »unten links« gegen »oben rechts«:

»Oben rechts« ist immer die Regierung, auch, wenn sie nach eigener Einschätzung oder nach Meinung des »Klassenfeindes« eine linke Regierung ist: Sie ist autoritär, sie verfügt über den Machtapparat, sie steht für Vergabe von Privilegien und Freiheitsbeschränkung.

Deswegen hat es noch nie ein funktionierendes »rechtes« Kabarett gegeben: das findet nämlich im sogenannten einfachen Volk kein Publikum. Ein »Regierungskabarett« kann es folglich nicht geben und hat es auch noch nie gegeben, wenn man mal davon absieht, dass »Die Stachelschweine« im Europa-Center in Westberlin in den 70er und 80er Jahren für Westberlin-Touristen ihr »Mauerkabarett« ablieferten, was inhaltlich dem Parteiprogramm der FDP recht nahe kam.

In der DDR gab es Satire und Kabarett, die sich mit der Regierung arrangiert hatten. Die daran Beteiligten waren gewiss nicht »rechts«, sondern gute Sozialisten, denen wirklich daran lag, dass ihr Staat blühte. Trotzdem erzählen sie heute gern, wie sie das Regime übertölpelt haben, wie das hellwache Publikum »zwischen den Zeilen« lesen konnte und wie es dankbar »Zwischentöne« aufnahm. Das Regime revanchierte sich für das Wohlverhalten der Satiriker mit Subventionen. Es entstanden Staatskabaretts: Man spielte die Texte von satirischen Schreibern, die sich mit den Autoritäten auf »das Machbare« einigten: Analyse von Fehlern des Regimes und Kritik an Partei und Staat und deren Repräsentanten waren unerwünscht, wohingegen jede Polemik gegen das kapitalistische Lager willkommen war. Die Kabaretts der DDR waren Anhängsel des großen Theaterbetriebs, Schauspielerinnen und Schauspieler wurden nicht selten an die Kabarettbühnen delegiert. Das Kabarett und seine Autoren waren nicht unabhängig – das Gehalt kam pünktlich.

Regelmäßige Subventionen für Satire und Kabarett sind zwar angenehm für Leute, die davon leben, aber nachteilig für das Ergebnis der Arbeit, denn irgendwann werden von den edlen Spendern Forderungen inhaltlicher Art gestellt, und irgendwann setzt dann auch eine Selbstzensur ein, weil man die segnende Hand nicht beißen will.

Heute kann man den Eindruck gewinnen, dass es durchaus Satiriker und Kabarettisten gibt, die der DDR-Kabarett-Tradition und der damit verbundenen Sicherheit nachtrauern, und dem Publikum ist gelegentlich anzumerken, dass es mit dem zum Teil rüden Ton des Westkabaretts wenig anfangen kann. Andererseits: Wenn Ostkabarettisten in den Westen kommen und einem Westpublikum den Kapitalismus erklären, in dem dieses Publikum ja aufgewachsen ist, hält sich das Amüsement auch in Grenzen.

In der satirischen Branche lassen sich am ehesten die Karikaturisten von staatlicher Einflussnahme funktionalisieren – die Karikaturen im berüchtigten nationalsozialistischen *Stürmer* sind unvergessen, und bis heute vereinnahmen autoritäre Regime die Talente von Karikaturisten.

Deren Tätigkeit ist internationaler orientiert als die der Satireschreiber: Geschriebene und gespielte Satiren können nicht so schnell auf aktuelle Geschehnisse weltweit reagieren, sie benötigen für die Produktion mehr Zeit und suchen sich deshalb ihre Themen lieber im eigenen Land.

Karikaturisten in Greifswald haben 2015 die niederträchtige Medienhetze gegen Griechenland und die »Pleite-Griechen«, denen wir angeblich die Milliarden in den Arsch pusten, obwohl sie alle stinkfaul sind und mit Fünfzig in Rente gehen, zum Anlass genommen, einen Cartoon herzustellen, in dem ein Wissenschaftler im Labor versucht, einen Griechen zu erschaffen, der seine Steuern zahlt. Das Experiment misslingt, aber am Ende kann der Forscher stolz eine andere Schöpfung vorweisen: einen Rumänen, der arbeitet. Woraus zu schließen ist: Im Bereich der Satire haben Karikaturisten die wenigsten Probleme, den deutschnationalen Stammtisch zu bedienen.

Das politisch-literarische Kabarett hingegen analysiert den Zustand und die Entwicklung der Gesellschaft und nennt die Namen der Verantwortlichen. Der Name erhöht die plastische Wirkung der Satire, stellte schon Karl Kraus fest. Es ist unumgänglich, die Namen der Verantwortlichen für die anzuprangernden

Missstände zu nennen, denn Namen nennen, heißt von der Sache sprechen. Wenn der Name Rothschild fällt, weiß man, die Rede ist von Reichtum, fällt der Name Blatter, spricht man von Korruption. Es ist schon ein Unglück, dass dem Satiriker zu jedem Lumpen etwas einfällt.

Trotzdem sind es – auch für Satiriker – keine besonders guten Zeiten. Satiriker und Kabarettisten lieben informiertes und schnell reagierendes Publikum, Leute, die alle Medien nutzen, die auf der Höhe des öffentlichen Diskurses sind, denen man nicht erst lang und breit jeden Sachverhalt erklären muss, bevor man zur Pointe kommt. Wo sollen diese Leute herkommen? Gut, dass es das Internet mit seinen Blogs gibt, denn von den Printmedien ist nur wenig und vom Privatfernsehen ist gar nichts zu erwarten. Auch die öffentlich-rechtlichen Sendeanstalten erfüllen ihren Informations- und Bildungsauftrag leider nicht überzeugend, vielmehr verstehen sie sich allzu oft als neoliberale Propagandainstrumente: Selten oder nie sind die Kanzlerin und ihre neoliberale Politik des Abwartens Gegenstand der Analyse. Parteien und Parlament sieht man nur im Hintergrund. Europa wird, wenn überhaupt, ökonomisch thematisiert. Die politische und militärische Zukunft Europas wird nicht untersucht.

Gesellschaftsanalyse ist auf Promiberichte reduziert, und was das Zeitalter der Digitalisierung bringt, weiß sowieso niemand. Die Sender warten ab – die Kanzlerin lebt es vor. Und eine geschlossene Gesellschaft fast immer derselben Talkshowgäste sondert Floskeln, Phrasen, Schlagwörter, Klischees, oberflächliches Nullsprech und geistigen Dünnpfiff ab.

Es sieht so aus, als würde angesichts des Vertrauensverlustes der Medien zunehmend die Satire in die journalistische Verantwortung genommen. Der klassische Nachrichtenjournalismus wird nicht verschwinden – die Satire findet ihr Material ja vor allem in diesen Nachrichten –, aber die Analyse, die Weiterverarbeitung und Kommentierung, die pointierte Zuspitzung, das Nachrecherchieren und die Verknüpfung von Themen – das entwickelt sich immer mehr zur Aufgabe von Satirikern. Kein Wunder, dass das politisch-literarische Kabarett auch immer mehr zum Refugium der von den großen Medien unterversorgten Mitmenschen in unserem Land wird.

So sehr viele sind das ja auch nicht – noch finden sie Platz in Kellertheatern und den kleinen Räumen der Kulturzentren. Aber wenn es so weiter geht, wird eines Tages nur noch die Satire als seriöse Informationsquelle gelten.

6. Die dicke Krake

Satirikern wird immer wieder der Vorwurf gemacht, sie sagten grundsätzlich zu allem »Nein«, seien Nestbeschmutzer und notorische Pessimisten, und im Grunde bekämpften die Satiriker doch nur Hass mit Hass und lässliche Sünden mit groben Beleidigungen. Zu diesem Thema reimte Erich Kästner:

> Und immer wieder schickt ihr mir Briefe,
> in denen ihr, dick unterstrichen, schreibt:
> »Herr Kästner, wo bleibt das Positive?«
> Ja, weiß der Teufel, wo das bleibt.

Es steckt in der Formulierung: Behauptet ein Satiriker, die Hälfte aller Abgeordneten seien Arschlöcher, wird man ihm das übel nehmen. Sagt er hingegen: »Die Hälfte aller Abgeordneten sind keine Arschlöcher«, wird sich der Beschwerdeführer zurückhalten, weil er befürchtet, man könnte ihm vorwerfen, er fühle sich zurückgesetzt und sei deswegen beleidigt. Will man Ärger vermeiden, muss man Bösartigkeiten sorgsam dosieren und sich davor hüten, den notorischen Übelnehmern aus sämtlichen Berufsständen,

Organisationen, Vereinigungen und Interessengruppen zu nahe zu treten.

Das musste auch der Papst Franziskus zur Kenntnis nehmen, als er sich als Gelegenheitssatiriker versuchte und mit Blick auf das Verhütungsmittelverbot in der katholischen Kirche verkündete: »Manche Menschen glauben – entschuldigen Sie den Ausdruck –, dass sich gute Katholiken wie Karnickel vermehren müssen.«

Da hatte er sofort die deutschen Karnickelzüchter an der Kehle: Der Präsident des Zentralverbandes Deutscher Rassekaninchen-Züchter kritisierte die pauschale Diskriminierung und erklärte, sexuelle Ausschweifungen seien nur bei frei lebenden Tieren bekannt, die Fortpflanzung der Zuchtkaninchen verliefe in geordneten Bahnen. Also: Die Zukunft gehört den deutschen Rasse-Zuchtkatholiken. Die können sich ja auch anständige Kaninchen halten.

Tucholsky war schon vor knapp hundert Jahren der Ansicht, der Einfluss Krähwinkels auf die deutsche Satire sei verhängnisvoll. Er beklagte, dass »keiner wagt, dem dicken Kraken an den Leib zu gehen, der das ganze Land bedrückt und dahockt: fett, faul und lebenstötend«. Er wünschte sich, dass jemand die Axt an die deutschen Heiligtümer lege – den stockfleckigen Bürokraten, den fettherzigen Unternehmer und den näselnden Offizier, also die immer noch tätigen Feindbilder aus dem deutschen Spießertum. Nun, die Satiriker sind ununterbrochen bei der Arbeit.

Satirikers Feindbild Nr. 1: Bürger und Bürgerin auf der Suche nach der großen Autorität. Dieser braune Bodensatz hat von der Demokratie nichts kapiert. Im Innersten sehnen sich diese Menschen nach Zuständen, wie sie vor dem Zweiten Weltkrieg geherrscht haben: Damals konnte man noch mit Dackelblick zu Herrchen aufschauen und gehorsam die Befehle erwarten. Nun, da Herrchen sich allein vom Acker gemacht hat, stellen sie entsetzt fest: Es gibt kein deutsches Wort für Selbstbestimmung. Sie haben Angst und sehnen sich nach einer starken führenden Hand, die ihnen mit strengem Blick jede Verantwortung abnimmt, denn sie kennen sich nicht aus im Niemandsland zwischen Faschismus und Bolschewismus. Aber das ist ihnen eigentlich wursch – Hauptsache, man lässt sie ordentlich verdienen.

Satirikers Feindbild Nr. 2: Die Uniform. Die signalisiert: Hier kommt die deutsche Lust, im Dienst zu sein, hier kommt die Omnipotenz, und der Träger hat das Sagen. Es sei denn, er begegnet einem Vorgesetzten. Soldat wird man nicht aus politischer Überzeugung, sondern wegen kultureller Defizite und aus Sehnsucht nach Geborgenheit in einer starken Gruppe, in der »alle« mitmachen. Und erteilt der Staat einem uniformierten Bürger die Befehlsgewalt, dauert es nicht mehr lange, bis der seine Allmachtsphantasien austobt.

Satirikers Feindbild Nr. 3: Behörden. Die im Verwaltungsapparat amtierenden Ämter. Der Amtsinhaber ist wichtiger als die Maßnahmen, die er treffen kann oder soll, und die Maßnahmen sind wesentlich wichtiger als die Angelegenheit, derentwegen die Maßnahmen erlassen wurden. Dienststellen verfügen, Abteilungen erlassen Erlasse und verordnen Verordnungen, alles ist gebührenpflichtig, anschließend erklärt die Behörde ihre Nichtzuständigkeit, und am Ende ist die Angelegenheit erledigt.

Im *Satire-Jahrbuch* 1, hrsg. von Reinhard Hippen und Gerd Wollschon (Köln 1978), kann man lesen:

In der Bundesrepublik muss es irgendwo ein Amt geben, das Verfügungen darüber erlässt, was die Satire darf, muss, will, bzw. bei den momentanen politischen Kräfteverhältnissen besser lässt, lassen sollte, gelassen hätte. Dieses Amt muss mannigfache Befugnisse haben. So scheint es begnadeten Germanisten Stempel zuzuleiten mit der Aufschrift »So Nicht!« oder »Kleinkunst!«. Und während es jeden politischen Witz erst freizugeben wünscht – meist also nicht wünscht! –, muss es wohl auch die Alleinherrschaft über die öffentlich rechten Anstalten haben. Die

Meinungsvielfalt wirkt da manchmal so einfältig, so aus-
gewogen und abgepackt.

Satirikers Feindbild Nr. 4: Berufspolitiker, die in einer
Partei Karriere gemacht haben und sich nun aufführ-
ren, als hätten sie etwas zu sagen. Im Spitzenpolitiker
zumal sieht der Satiriker den Triumph des Sitzfleisches
über das Gehirn. Und wenn der Satiriker gute Gründe
hat, einen Politiker der Arschkriecherei zu bezichtigen, dann kann er unter Umständen damit durch-
kommen, wenn er vor Gericht zu seiner Rechtfertigung diese Zeilen Tucholskys vorliest:

> Et jibt Karrieren – die jehn durch den Hintern.
> Die Leute kriechen bei die Vorgesetzten rin.
> Da is et warm. Da kenn se ibawintern.
> Da bleihm se denn ne Weile drin.

Dann kann es passieren – denn es ist schon passiert –,
dass sich das Gericht zur Beratung zurückzieht, um im
Lexikon nach einem gleichwertig-präzisen, nicht be-
leidigenden Synonym für »Arschkriecherei« zu suchen. Es fand keins, wird keines finden und die Belei-
digungsklage abschmettern.

Satirikers Feindbild Nr. 5: Der Banker. Wer hat diese
Typen eigentlich erzogen? Wer hat ihnen diese Raff-

gier, diese Rücksichtslosigkeit und diese Bedenkenlosigkeit beigebracht? Wer lehrte sie, zu lügen und zu betrügen, sich aber gleichzeitig für etwas Besseres zu halten? Woher haben sie ihren Dünkel? Wer hat sie so asozial gemacht? Warum haben sie nicht mehr im Kopf als eine Melkmaschine? Dringend geboten erscheinen Resozialisierungsmaßnahmen für alle Angehörigen des Bankgewerbes. Es ist zu hoffen, dass man eines Tages Guantanamo, diesen idyllisch gelegenen All-Inclusive-Knast mit seinen eleganten Käfigen am karibischen Palmenstrand, zum zentralen Gefängnis für verurteilte Investmentbanker und Finanzschwindler macht. Etwas intensivere Unterwasser-Befragungen finden dann in fensterlosen Hohlräumen, ähnlich einem Banksafe, statt. Da fühlen sich diese Banker am wohlsten, vor allem, wenn nebenan ein christlicher Politiker zur Buße für seine Unterstützung der Banken mit dem Kopf im Klo steckt …

Die Feindbilder ernähren den Satiriker: »Und wenn einer mit Engelszungen predigte und hätte des Hasses nicht – er wäre kein Satiriker« (von wem dieses Zitat stammt, kann die Leserschaft selbst nachschlagen).

7. *Die Personalunion von Gier und Blödheit*

Das europäische Finanzsystem ist ja in erster Linie eine religiöse Frage. Gläubiger und Gläubige beten ihre effektiven Märkte an, also Aktienmärkte, Finanzmärkte, Kapitalmärkte, Unterhaltungsmärkte, Media-Märkte, Graue Märkte, Wurst- und Käsemärkte, Wochenmärkte und überhaupt alle Märkte, die sich selbst regulieren und deshalb absolutes Vertrauen verdienen. Und solange das niedere Volk im Glauben fest bleibt, dass Finanz-Akrobaten, Investment-Zauberer und Anlagen-Gurus mit ihren Transaktionen eine überirdische Naturgewalt sind, gegen die man sich sowieso nicht auflehnen darf, ist das neoliberale Deutschland »viel mehr ein Staat unter der Aufsicht des Marktes als ein Markt unter Aufsicht des Staates« (Foucault).

Das Gotteshaus der Geldwirtschaft heißt Börse, und die Börsenberichte sind die Predigt. Zu jedem Raketeneinschlag gibt es per Laufschrift den passenden Kursanstieg. Die Börse steht im Mittelpunkt der wirtschaftlichen Interessen, und das ist – seit im zweiten Buch Mose der Wucher erfunden wurde – doch eine schöne Karriere.

Auf dem Parkett erscheinen neoliberale Schamanen im feinen Zwirn, seriös wie Hütchenspieler im Blindenheim. Sie stehen vor einer großen schwarzen Tafel mit einer hysterisch gezackten Linie, als seien es Herzrhythmusstörungen eines dioxinverseuchten Hühnchens auf Antibiotika-Entzug, und sie labern suggestiv, als seien sie beim Bibelfernsehen oder beim Erweckungsgottesdienst von Scientology.

Ein sogenannter Analyst, Chefvolkswirt von irgendeinem Geldinstitut, guckt völlig intelligenzfrei in die Kamera und schwadroniert in einer Fachsprache, als wolle er Gratiswurst in einem vegetarischen Restaurant anbieten – der Typ hat gewiss Glück, dass er beim Fernsehen untergekommen ist. Sonst müsste er bei Aldi als Schaufensterdekorateur jobben.

Gelegentlich tritt auch eine dynamische Dame auf, eine Frau Kohl, der glaubt man schon wegen ihres Namens kein Wort, möglicherweise ist sie ja der verlängerte Arm des Dicken, der soll ja überall noch seine Finger drin haben, und was bei Frau Kohl immer besonders auffällt: Entweder ist der Euro zu hoch, oder er ist zu niedrig. Noch nie hat jemand gehört, dass sie sagte: »Heute ist der Euro mal genau richtig!« Das ist überhaupt nicht vorgesehen.

Nicht zu vergessen sind auch die auftretenden Experten: Dem Herrn vom Deutschen Aktieninstitut trieft seine persönliche Baisse aus allen Poren, und die

Dame von der Schutzgemeinschaft der Kleinaktionäre repräsentiert nichts außer der Schutzbedürftigkeit ihres Vereins. Angesichts dieser Börsianer kann man vermuten: Analyst verhält sich zu Analyse wie Astrologie zu Astronomie, und: Leute, die an der Börse tätig sind, brauchen keine Toiletten – da bescheißt jeder jeden.

Offenbar hat die Evolution diese Analystenhirnis entwickelt, um die Wettervorhersager etwas besser aussehen zu lassen. Interessant ist die Frage, ob der sogenannte kleine Aktienbesitzer Mitleid verdient: Der vertraut sein bisschen Kohle Zockern an und erwartet allen Ernstes, dabei einen Gewinn zu machen. Ja, ist der denn bescheuert? Sicher ist er das – er ist die Personalunion von Gier und Blödheit.

Mitleid ist also nicht angebracht. Aber: Mit den sogenannten Märkten kann man Menschen drohen, kann man Angst erzeugen, kann man Demut, Verzicht und Wohlverhalten erzwingen. Also neue Spielregeln an der Börse? Nein, es nützt nichts, Scheiße zu parfümieren. Dann doch lieber die Börsen schließen. Das wäre zwar schmerzlich für die Spekulanten, aber sensible Menschen wären etwas weniger genervt.

Wenn das nicht geht, sollte man ganz konsequent sein und Bundestag und Länderparlamente in Aktiengesellschaften umwandeln: Was für eine Freude, wenn Großaktionäre ganze Reihen von Hinterbänklern bündeln und auf dem Rentenmarkt verschleudern! Und es grinst der Dax, wenn eines Tages eine japanische Holding die ganze sogenannte politische Klasse als Abschreibungsobjekt auf den Nikkei-Index verschiebt, wo sie sich dann spurlos im Dow Jones verpisst.

Angesichts dieses faulen Zaubers und dieser Abzockerei wurden die ungerechte Verteilung der Reichtümer dieser Welt und die sogenannte Einkommensschere zum ewigen Thema des Satirikers. Er sieht sich von Krisen umzingelt: Finanzkrise, Wirtschaftskrise, Euro-Krise, Rentenkrise, alle Krisengipfel stecken ständig in der Krise, und im Spreewald wurden sehr viel weniger Gurken als im Vorjahr verarbeitet, was zu einer ernsthaften Gurkenkrise führte.

Der Satiriker kann sich darüber nicht aufregen – er kennt die Ursachen: Überträgt man in einer Schnarchnasendemokratie ehrgeizigen Leuten Macht, werden die meisten automatisch kriminell. Die Inkompetenten unter diesen Kriminellen werden erwischt und kriegen eine Abfindung, die Bösartigen dürfen weitermachen. Das nennt man Kontinuität …

Börsianer und andere in der Finanzwirtschaft Tätige, nach eigener Einschätzung grundehrliche, mäßig verdienende, picobello gekleidete Leute allesamt, haben zweifellos stets die besten Absichten. Sie zählen sich zum Mittelstand. Und wer sich selbst zum Mittelstand zählt, weiß die Armut andrer Leute zu schätzen.

Aber schon Heinrich Heine schaute vor 170 Jahren hinter die honorige Fassade und schrieb:

»Es ist still wie in einer verschneiten Winterlandschaft. Nur ein leiser monotoner Tropfenfall. Das sind die Zinsen, die fortwährend hinabträufeln in die Kapitalien, welche beständig anschwellen; man hört ordentlich, wie sie wachsen, die Reichtümer der Reichen. Dazwischen das leise Schluchzen der Armut. Manchmal auch klirrt etwas, wie ein Messer, das gewetzt wird …«.

Rund hundert Jahre später führte Erich Kästner den Gedanken weiter und verfasste mit seiner »Ansprache an Millionäre« eine eindringliche Warnung an die Reichen:

Warum wollt ihr so lange warten,
bis sie euren geschminkten Frauen
und euch und den Marmorpuppen im Garten
eins über den Schädel hauen?

Warum wollt ihr euch denn nicht bessern?
Bald werden sie über die Freitreppen drängen
und euch erstechen mit Küchenmessern
und an die Fenster hängen.

Wie lange wollt ihr euch weiter bereichern?
Wie lange wollt ihr aus Gold und Papieren
Rollen und Bündel und Barren speichern?
Ihr werdet alles verlieren.

Seltsamerweise reicht es Politikern, Geldinstituten und Konzernherren nicht, Reichtümer zu horten – sie betteln die Bevölkerung auch noch mehrmals täglich an, ihnen Vertrauen zu schenken. Einem Staat zu vertrauen und einer Bank etwas zu schenken – davon kann der Satiriker nur abraten. Bevor man sein sauer verdientes Geld einem Geldinstitut anvertraut, muss man sich vorher unbedingt nach dessen Kreditwürdigkeit erkundigen und eine Schufa-Auskunft einholen. Außerdem sollte man sich vom verbindlichen Auftreten der Geldmanager nicht einlullen lassen – in diesen Kreisen gelten zwei Faustregeln in der Einschätzung ihrer Kundschaft: Wer Steuern zahlt, ist einfach noch nicht reich genug, und: Wer nicht die Kreativität aufbringt, so viele Steuern wie möglich zu hinterziehen, ist nicht vertrauenswürdig. Im Geldgewerbe gilt die Maxime: Wer nicht kriminell ist, macht sich strafbar.

Was der deutsche Finanzminister und oberste Buchhalter der europäischen Finanzmafia, Wolfgang Schäuble, nach seiner Zeit als Finanzminister beruflich machen will, darüber gibt es nur Gerüchte: Entweder will er Sepp Blatters Nachfolger bei der Fifa werden oder zusammen mit dem Direktor der Deutschen Bank, Jürgen Fitschen, ein Spenden-Inkasso-Büro eröffnen. Schäuble wurde abgehört, als Fitschen ihm am Telefon klarmachte, wie er in Griechenland das Thema »Schuldenabbau« anzupacken habe. Fitschen sagte:

»Pass auf, Wölfi, es reicht nicht, die Hälfte aller Beschäftigten zu entlassen und dem Rest die Gehälter zu streichen, das Gesundheitswesen abzuschaffen und Rentner mit Geldstrafen zu belegen. Man muss nicht nur die Flughäfen verhökern, sondern auch das gesamte Straßennetz mitsamt den öffentlichen Verkehrsmitteln. Die Energieversorgung, die Krankenhäuser, alle staatlichen Liegenschaften und auch die Wasserversorgung müssen in Privathand übergehen. Ziel muss es sein, sogar die Atemluft zu privatisieren und mit Gebühren zu belegen. Um Griechenland zu sanieren, muss es geführt werden wie eine bankrotte Kneipe. Oberstes Gebot: Keine Kosten verursachen! Das Personal entlassen, die Küche verkaufen, das Geschirr versteigern, den Tresen zu Kaminholz verarbeiten, das Mobiliar in Zahlung geben, Wasser, Strom, Gas und Heizung abstellen. Sollst mal sehen, wie der Laden dann wieder brummt! Anschließend Schuldenschnitt! Das heißt: Wir erlassen dem Wirt die Schulden, die er noch bei uns hat, und dafür können wir bis an unser

Lebensende bei ihm anschreiben. Sollst mal sehen, wie sein Umsatz hochgeht.«

Als der Euro 2002 eingeführt wurde, hingen in allen Schalterhallen Plakate, auf denen der Euro in allen Erscheinungsformen abgebildet war, und darüber stand geschrieben: »Unser Geld«.

Das war eine klare Ansage der Geldinstitute.

Innovativen Jungunternehmern kann man seitdem wirklich nur dringend raten, mit ganz viel Fun und echt persönlicher Kommunikation ihr eigenes Geldinstitut in coolem Design zu gründen und die total dynamischen Geschäftsbedingungen in der Schalterhalle aufzuhängen:

Liebe Kundin, lieber Kunde! Unsere Institut heißt »Zum abgezockten Euro«. In unserer Schalterhalle halten wir ein warmes Plätzchen für Sie parat, wo Sie sich gegen eine geringe Standgebühr stundenlang anstellen dürfen.

Um die Kontoführungsgebühren bei uns zu bezahlen, nehmen Sie bitte zunächst bei einem anderen Geldhai einen Kredit auf.

Einen Kredit bei uns bekommen Sie nur gegen Vorkasse.

Einzahlungen erfolgen bei uns formlos und werden mit Handschlag quittiert.

Wie viel wir von ihren Ersparnissen zur Finanzierung unseres Lebensunterhalts einbehalten, ist abhängig von unseren Bedürfnissen.

Mit Ihrer Kreditkarte kommen Sie zu Geld, wenn Sie damit nachts fremder Leute Wohnungstüren aufbrechen.

Geld abheben können Sie nur, wenn Sie im angemessenen Outfit an die Kasse treten: Mit Strumpfmaske, Plastiktüte und Pistole.

Bevor Sie flüchten, hängen Sie Ihren Sparstrumpf an einen Garderobenhaken in der Schalterhalle.

Vielleicht erfüllt es die deutschen Bürgerinnen und Bürger mit Vertrauen, wenn sie erfahren, dass die Regierung der Bundesrepublik Deutschland einen Plan B parat hat, falls das neoliberale Wirtschaftssystem scheitert und alle Märkte kollabieren. Dann werden nämlich die bislang geheimen Zusatzprotokolle in den Verträgen zwischen Bundesrepublik und DDR in Kraft gesetzt, in denen vereinbart worden ist:

Um einen Ausgleich zu schaffen für den einträglichen Beutezug der Bundesrepublik in der DDR ab 1989, kann Gesamt-Deutschland unter Federführung der DDR bei Bedarf sozialistisch werden. Innerhalb kurzer Zeit wird sich dann in Deutschland dieses Szenario entwickeln: Sahra Wagenknecht, Deutschlands führende viktorianische Gouvernante, wird Vorsitzende des Staatsrates. Sie zieht nach Berlin-Wandlitz und darf sich einen goldenen Wasserhahn anschaffen. Der Volksgenosse Gauck, die personifizierte schwarze Obernull, wird Stasi-Chef. Angela Merkel wird Sättigungsbeilagen-Beauftragte in der Kantine des Staatsrates. Gregor Gysi wird wegen Trotzkismus in Bautzen eingesperrt. Die vietnamesische Mafia richtet in Deutschland in allen CDU-Geschäftsstellen Massagesalons ein.

Die wenigen verbliebenen SPD-Mitglieder werden in einem ehemaligen Tierheim in Käfighaltung gehalten und an hohen Feiertagen auf Volksfesten nackt zur Schau gestellt. In den Supermärkten gibt es nur noch Tütensoljanka und Borschtsch aus der Tube.

In den öffentlichen Verkehrsmitteln sitzen aggressive Jugendliche und fressen gegrillte Igel statt der traditionellen deutschen Döner. Am Wegesrand ruinieren serbische Eselswurstbuden die klassischen deutschen Sushi-Bars.

Der Gipfel von Quedlinburg bringt den freiwilligen Anschluss Deutschlands an die Russische Föderation und die Umbenennung in »Westukraine«. Das führt umgehend zu einer Invasion von Kirgisen, Kaukasiern und Kasachen, Deutschland wird besetzt von Millionen schwulen Rumänen, geigenden Zigeunern, bulgarischen Taschendieben und rauschgiftsüchtigen Usbeken.

Die sich nach Westen wälzenden Asiaten und Osteuropäer verstopfen alle Straßen und Schienen.

Stasi-Chef Gauck eilt ihnen entgegen, um sie umzuleiten, aber es geht nichts mehr: Man findet ihn Jahre später, ans Kamener Kreuz genagelt und schon stark skelettiert.

Einige wenige noch nicht ganz entkräftete Deutsche versuchen, dem Fiasko zu entgehen und sich mit den Köln-Düsseldorfer Rheindampfern, auf Flößen, mit den Alsterschiffen und in Schlauchbooten in die offene Nordsee abzusetzen und von da aus das Mittelmeer zu erreichen, um als Wirtschaftsflüchtlinge an den Küsten Afrikas, in Mauretanien, Ghana und Senegal, um Asyl zu bitten. Die wenigsten erreichen lebend den rettenden Strand.

Das ehemalige Deutschland ist erledigt – eine öde Steppe, für die menschliche Besiedlung ungeeignet. Sogar Migranten aus Burkina Faso lehnen die Zuwanderung nach Deutschland ab.

Allerdings – durch die allgemeine Deindustrialisierung hat sich das Klima ganz prächtig erholt. Die Luft aus den Fahrradreifen kann man schon bald wieder atmen.

Noch ist es nicht so weit. Bis es so weit ist, empfiehlt sich die Lektüre und Beherzigung eines Breviers mit klösterlicher Erbauungsliteratur; darin heißt es:

»Kommen Sie zu uns. Genießen Sie hier, was Sie heute wahrscheinlich nur noch an wenigen Orten finden werden: Vertrauen und Zuwendung, Offenheit und zugleich Verschwiegenheit. Es gibt nun einmal Dinge im Leben, die brauchen, um in Ordnung gebracht zu werden, den Ort der Verschwiegenheit, eine Stätte der hilfreichen Übereinstimmung, einen Raum ungestörter Besonnenheit. Wir geben Ihnen mit Sicherheit und Feinfühligkeit diesen Rückhalt, den Sie für den festen Glauben in die Zukunft benötigen …«.

Angemessene Worte für eine Kirche oder für sonst einen heiligen Ort. Der Text stammt aus einem Werbeprospekt der Deutschen Bank.

8. Idyllisches Schlaraffenland

Wem nützt eigentlich die Satire?

Wer braucht die Satire und wozu?

Früher hatten die Kabarettisten wenigstens die Chance, auf jede Antwort die passende Frage zu geben. Aber was sollen sie machen, wenn sie von allen Seiten mit immer denselben Antworten eingedeckt werden? Da kann man nur sagen: Das ist ein strukturelles Problem – da gibt es keine einfachen Lösungen. Der Satz passt immer. Warum sind immer alle Stechmücken in meinem Schlafzimmer? Das ist ein strukturelles Problem – da gibt es keine einfachen Lösungen. Warum gibt es in unserem Land, das so vielen Völkern eine Hungersnot serviert, eine so große Anzahl an Fettwänsten und Ballon-Ärschen? Das ist ein strukturelles Problem – da gibt es keine einfachen Lösungen. Wir sind von strukturellen Problemen umzingelt.

Eins davon sind die sogenannten Wirtschaftsflüchtlinge vom Balkan. Ihre schnellstmögliche Abschiebung hat politische Priorität in Deutschland.

Eine Mitschuld Deutschlands an den prekären Zuständen im Kosovo und anderen Balkan-Regionen sieht die deutsche Politik ja nicht. Dabei hat man durch den Balkan-Krieg das Chaos doch erst angerichtet. Doch Hunger, Obdachlosigkeit, Arbeitslosigkeit und rassistische Verfolgung sind für deutsche Politiker keine Fluchtgründe, damit haben sie ja auch überhaupt nichts zu tun.

Horst Seehofer, der Flachzangenrhetoriker, tobt durch alle Bierzelte: »Bis zur letzten Patrone« werde er sich »gegen eine Zuwanderung in die deutschen Sozialsysteme« sträuben. »Wir sind nicht das Sozialamt der Welt!«, ruft er aus, und dann stimmt er seine Standardlitanei an, mit der er versucht, das Volk zu manipulieren: »Falsche Anreize für Asylmissbrauch verhindern«, »Bekämpfung des Asylmissbrauchs«, »massenhafter Asylmissbrauch«, »extrem hohe Zahlen beim Asylmissbrauch« beschwört er in jeder Rede. Aber Seehofer verschweigt: Missbrauch geht immer davon aus, dass etwas unrechtmäßig geschieht. Er setzt ganz bewusst das Wort »Missbrauch« ein, denn er weiß: Missbrauch ist in den Köpfen ganz übel besetzt – die Menschen denken dabei an perverse Praktiken in der heiligen römisch-katholischen Pädagogik … Aber wenn einem Asylgesuch nicht stattgegeben wird, dann handelt es sich nicht um Missbrauch, sondern lediglich um einen abgelehnten Antrag, und ein abgelehnter Antrag ist noch lange kein Missbrauch. Doch seine rassistische Gefolgschaft ist zu blöde, um das zu kapieren – die Bierdimpfl applaudieren ihrem Oberhorst jedes Mal, wenn er das Wort »Asyl« zwischen die Zähne nimmt.

Vermutlich finden sie es auch völlig in Ordnung, wenn man Sinti und Roma wieder in Sonderlager steckt. Das hat ja schon mal funktioniert. Damals nannte man das, was in den Sonderlagern geschah, Sonderbehandlung, und das war ein anderes Wort für »Kastration« oder »Mord«. Seehofer nennt diese Lager übrigens nicht Sonderlager, er spricht von Sonderzentren. Deswegen nenne ich ihn auch nicht Konzentrationslager-Horst, sondern Sonderzentrums-Seehofer.

Eine ganz und gar absurde Erscheinung ist der bayerische Innenminister Herrmann. Der kann zwar, wie er in einer Talkshow bewiesen hat, weiß und schwarz unterscheiden, also Black und Blanco, das ist aber auch schon alles. Zum Thema Wirtschaftsflüchtlinge sagte dieser rassistisch grundierte Nichtsnutz:

»Die Zuwendungen für diese Gruppe sind eine Zumutung für die deutschen Steuerzahler … Angesichts der weiter steigenden Asylbewerberzahlen gerät der Staat an die Grenzen der Belastbarkeit …« Ist das wahr? Der Staat an der Grenze der Belastbarkeit? Jedes Jahr kommen 6 Millionen zum Oktoberfest nach München – die verstopfen alles, fressen, saufen, scheißen und prunzen. Und da ist man mit ein paar Tausend Flüchtlingen überfordert? Ich glaub's nicht.

Die wirklichen Zumutungen für die Steuerzahler sind die 187 Milliarden Euro, die Deutschland in der Finanzkrise zur Rettung der Banken ausgegeben hat. Und mit dem Steuergeld, das Deutschland jährlich für die Rüstung ausgibt, könnte man fast 26 Millionen Flüchtlingen ein Jahr lang »Taschengeld« zustecken. Eine Zumutung ist auch, dass die reichsten zehn Prozent der deutschen Bevölkerung 64% des Vermögens auf sich vereinen. Und Zumutungen sind schließlich der niedrige Steuerspitzensatz, die Erbschaftssteuer, das Stiftungsrecht und dass der Staat keine Finanztransaktionssteuer einführt, die diesen Namen auch verdient. Die wirklich teuren Flüchtlinge, das sind die deutschen Steuerflüchtlinge, die unseren Staat jedes Jahr um bis zu 100 Milliarden Euro betrügen.

Nun will Herr Söder, ein Spitzenfunktionär der bayerischen Front National, der seine Glatze innen trägt, auch noch unser ganzes Land einzäunen. Dabei wäre es viel erfolgversprechender, wenn sich Söder, Herrmann und Seehofer Hand in Hand persönlich an die Grenzen stellen – das wäre bestimmt die wirkungsvollste Abschreckungsmethode, und wir sollten dafür sorgen, dass die Herren dafür nur mit Sachleistungen bezahlt werden, damit sie ihre Gehälter nicht für Trachtenjanker und aufwendige Haarschnitte verplempern...

Und Herrn Thomas de Maizière bezahlen wir mit Essensgutscheinen: für 250 Essensgutscheine kann er sich eine neue Designerbrille anschaffen.

Dieser deutsche Innenminister de Maizière, eine traurige Figur mit einem Hohlraum unterm Scheitel, ist enttäuscht von den Flüchtlingen: Sie sind undankbar, mäkeln am Essen herum, fahren mit dem Taxi quer durch Deutschland und benehmen sich einfach nicht so, wie de Maizière das von einem anständigen Flüchtling erwartet. Ja, in China, sagt er, wo sie über Nacht ganze Metropolen aus dem Boden stampfen, wäre es sicherlich ein Leichtes, eine halbe Million Asylbewerber unterzubringen. Aber in einer demokratischen sozialen Marktwirtschaft, wo wir nur den Boden des Grundgesetzes zur Verfügung haben, geht das eben nicht. Man kann ja auch nicht einfach so im Handumdrehen sicherstellen, dass bei der Errichtung von Containerdörfern Fledermäuse, Juchtenkäfer und die NPD-Ortsgruppen keinen Schaden nehmen …

De Maizières Bundesamt für Migration und Flüchtlinge wandte sich im Internet an die potentiellen Wirtschaftsflüchtlinge vom Balkan: Sie sollten sich besser gar nicht erst auf den Weg nach Deutschland machen. Seine mehrfach wiederholte Androhung der Abschiebung war untermalt mit unfreundlichen Aufnahmen von Leibesvisitationen, Passkontrollen, abfahrenden Bussen, startenden Flugzeugen, und das alles bei schlechtem Wetter.

Diese Aktion war nicht besonders erfolgreich, weil die Betroffenen Besseres zu tun haben als nachzuschauen, was denn das deutsche Innenministerium so alles ins Internet stellt. Daraufhin habe ich selbst einen Abschreckungsbrief geschrieben, der mit viel Beifall aufgenommen wurde, und der in den Notunterkünften von Liege zu Liege weitergegeben und auch den Kindern vorgelesen wird:

Liebe sogenannte Wirtschaftsflüchtlinge,
In Deutschland gibt es tatsächlich ein Wort, das »Willkommenskultur« heißt und von Politikerinnen und Politikern sehr gern benutzt wird. Die deutsche Willkommenskultur beinhaltet für Sie folgende Leistungen: Abschiebelager, schnellere Abschiebungen, Sachleistungen statt Taschengeld, Gutscheine für ein paar Lebensmittel, eine handliche Deutschlandfahne und einen kleinen Berliner Plüschbären, der sagen kann: »Das Boot ist voll, Gürtel sofort enger schnallen!«

In Deutschland leben bereits Hunderttausende von deutschen Original-Wirtschaftsflüchtlingen, die aus den ländlichen Regionen Ostdeutschlands in die Großstädte geflüchtet sind. Deutschland braucht also keine Balkan-Neger.

Deutschland ist zwar ein idyllisches Schlaraffenland mit festen Öffnungszeiten, veganer Schlemmerstube plus

Ernährungsberatung, aber die deutsche Gesellschaft ist beinhart. Effizienz und Akzeptanz sind die höchsten aller Werte.

In Fabriken und Büros werden die Beschäftigten gezwungen, mit den Maschinen um die Wette zu arbeiten. Die Vorgesetzten verlangen ununterbrochene Leistung.

Macht eine Arbeitskraft schlapp, wird sie aussortiert. Die Armen reagieren darauf mit dumpfer Teilnahmslosigkeit. Abgestumpft schaukeln sie in sozialen Hängematten. Ihre wenigen Kinder sind schlecht erzogen: sie beschmieren die Häuser, zertreten Kaugummis auf Bürgersteigen, zerfetzen die Sitze in Nahverkehrsmitteln, kotzen die Schulstuben voll und verrichten ihre Notdurft in Fahrstühlen. Einzig, wenn sie als sogenannte »Auflaufkinder« mit Fußballspielern an der Hand vor dem Anpfiff auf den Platz gehen, um dem Publikum ein Gefühl von Rührung abzuringen, sind sie von geringem Nutzen. Der Rest der deutschen Bevölkerung besteht aus einer Landplage namens Rentner, die in ihrer Nutzlosigkeit nur noch von schwerbehinderten ehemaligen Bundeswehrsoldaten unterboten werden.

Die Deutschen kommen gut ohne Humor aus, haben aber zu allem eine unumstößliche Meinung. Ihre Mienen sind meistens muffig.

Groß ist in Deutschland die Zahl der Versicherungsbetrüger, Ladendiebe, Fernsehgebühren-Hinterzieher, Falschparker, Erbschleicher, Schwarzfahrer, Alkoholiker und Jog-

ger. Auf Landstraßen und Autobahnen toben sich hupende Tempoidioten aus, mit deren Opfern sich Friedhöfe und Intensivstationen füllen.

Anderen Menschen den Baseballschläger auf den Kopf zu hauen, ist zwar verboten, wird aber durchaus geduldet, wenn es sich um Obdachlose, Behinderte und ausländisch aussehende Straßenpassanten handelt. Liegt man dann ohnmächtig auf einer deutschen Straße herum, wird man in der Ausnüchterungszelle eines Polizeireviers auf einer schmierigen Matratze angekettet, getreten, halb tot geschlagen und dann nach Sachsen ausgeliefert.

Also, liebe Wirtschaftsflüchtlinge, seien Sie sicher: Sie werden sich bei uns wie zu Hause fühlen.

Das Feedback der Wirtschaftsflüchtlinge ist überraschend: Sie halten den Brief für eine Lüge der herrschenden Reichen.

Auch das ist ein strukturelles Problem, das keine einfachen Lösungen parat hat. Flüchtlinge wissen nichts vom braunen Bodensatz in unserem Land oder messen ihm keine Bedeutung zu. Und die Satiriker haben erfahren: Genauso wenig wie fanatischen Gotteskriegern ist Nazis, die zu jeder Gewalttat bereit sind, mit satirischen Mitteln beizukommen.

Für alte und für neue Nazis geht es angeblich darum, »urdeutsches Brauchtum«, die »urdeutsche Natur«, »die deutsche Kultur« und die »Reinerhaltung der deutschen Art« zu bewahren. Es ist die bekannt stumpfsinnige Methode der Nazis, mit dem Artenschutz zu argumentieren. Darwin konnte sich nicht dagegen wehren, dass seine Beobachtung vom »Survival of the fittest« von ihnen zu diesem biologistischen Unfug vom Recht des Stärkeren umgebogen wurde. Aber die Natur achtet gar nicht so zuverlässig auf sortenreine Trennung der verschiedenen Gruppen: Ein- und Auswanderung ist bei Tieren und Pflanzen an der Tagesordnung. Im 20. Jahrhundert haben sich hunderte von »Neobiota, die allermeisten ohne Probleme«, in Deutschland etabliert, meldet das Bundesamt für Naturschutz. Je mehr Arten im Wald stehen, desto sicherer ist er gegen Sturm und Krankheiten. Doch das nehmen die braunen Dummköpfe nicht zur Kenntnis.

Da kann der Satiriker nur all seine Hoffnung setzen auf Politiker, Polizei, Staatsanwälte, Richter und lustige Justizbeamte, die ihren Spaß daran finden, gewalttätigen Nazis ein Vierkantholz zwischen die Zähne zu rammen und es dann gaaanz langsam zu drehen, bis die arischen Herren grinsen, weil sie sich freuen, dass mal jemand in ihrer Sprache mit ihnen spricht. Noch besser: Zwecks Resozialisierung der Nazis sollten Gefängnispsychologen ihnen diesen Ausschnitt aus »Des Teufel General« von Carl Zuckmayer vorlesen:

»Stell'n Se sich doch bloß mal Ihre womögliche Ahnenreihe vor: da war ein römischer Feldherr, schwarzer Kerl, der hat einem blonden Mädchen Latein beigebracht. Dann kam 'n jüdischer Gewürzhändler in die Familie. Das war 'n ernster Mensch. Der 's schon vor der Heirat Christ geworden und hat die katholische Haustradition begründet. Dann kam 'n griechischer Arzt dazu, 'n keltischer Legionär, 'n Graubündner Landsknecht, ein schwedischer Reiter … und ein französischer Schauspieler. Ein … böhmischer Musikant. Und das alles hat am Rhein gelebt, gerauft, gesoffen, gesungen und … Kinder gezeugt. Und der Goethe, der kam aus demselben Topf, und der Beethoven, und der Gutenberg, und der … Matthias Grünewald. Und so weiter, und so weiter. … Das waren die besten, mein Lieber.«

Seltsamerweise berufen sich Bastarde besonders gern auf die Reinheit ihrer Rasse. Die »nationale Identität« ist die letzte Ressource der Intelligenz-Allergiker. Und wenn der Patriot die Welt nicht mehr versteht, schwenkt er seine Reichskriegsflagge …

Siebzig Jahre nach dem Ende des Zweiten Weltkrieges lungern nicht nur primitiv grölende Nazi-Schlägerbanden, eingehüllt in ihre Bierfahnen, an Bahnhofsecken rum. Noch ekelhafter sind Scharen von Mitläufern: »Anständige« Familien grölen Nazi-Parolen, die Kinder grölen mit, und Oma und Opa klatschen den Steineschmeißern Beifall. »Wir haben ja nichts gegen Ausländer«, sagen sie, »aber ...« Im »aber« steckt schon der gesamte Müll der Nazi-Gesinnung.

Die ach so nationalbewussten Krakeeler nennen sich »Patriotische Europäer«. Die Wörter Patriot und patriotisch, abgeleitet von *Patria*, das Vaterland, sind antiquierte Begriffe aus der Diskussion um die Entstehung der Nationalstaaten im 19. Jahrhundert. Und wenn man davon ausgeht, dass Europa im Norden von Spitzbergen begrenzt wird, im Westen von den Azoren, im Osten vom Ural und im Süden vom Schwarzen Meer, dann weiß man: Deutsche patriotische Europäer haben ein schweres Problem mit ihrer Identität, zumal, wenn auch noch das »Abendland« in den Köpfen herumspukt: Dieser Begriff, der aus einer Zeit stammt, in der man sich nach dem Stand der Sonne orientierte, signalisiert ja schon die bevorstehende Umnachtung.

Im Interview guckt die aufgeputschte Oma dann wie ein geplündertes Konto und sagt: »Wir können doch nicht ganz Afrika bei uns aufnehmen«. Bei so viel herz-zerreißender Blödheit möchte man ihr nur noch tröstend übers Haar streicheln. Aber sie hat ja solche Angst! Doch wovor?

Weder hat sie irgendetwas von der Euro-Finanzkrise gespürt (nicht einen Cent hat sie dabei verloren), noch kann sie sich an einen Terroranschlag in Deutschland erinnern, noch wurde in ihre Zweiraumwohnung eine achtköpfige Familie zwangseingewiesen. Es stürmen auch nicht islamische Reitermilizen durch die Gassen, an Straßenecken lauert kein Mullah mit scharfgeschliffenem Krummschwert, und die Frauenkirche soll auch nicht zur Moschee umgeweiht werden.

Angst aufgrund konkreter Erfahrungen kann's also wohl kaum sein. Die Erfahrungen – gerade auch älterer Menschen – gehen doch in die andere Richtung: Wir Deutschen sind die weltweit effektivsten Organisatoren. Was wir schon alles organisiert haben: Millionen Juden haben wir unter Führung der Nazis mit unserer Eisenbahn an ihre Bestimmungsorte gebracht. 1945 haben wir ungefähr 15 Millionen Vertriebene aufgenommen und in Lohn und Brot gebracht. Dann – 1989 – mussten wir 16 Millionen Wirtschaftsflüchtlinge integrieren. Auch das haben wir geschafft.

Aber viel zu oft bestärken die Medien engstirnige Bürger, die glauben, was sie da beim Einkaufen von kriminellen und faulen Ausländern hören, die »uns« die Arbeitsplätze wegnehmen, fette Renten kassieren und auf »unsere Kosten« leben. Und mit dem sogenannten »Flüchtlingsstrom« verdoppelten die Medien ihre Angstpropaganda. Immer nach dem Motto: Weniger denken, rasanter berichten, nix erklären.

Und statt sich Angst und Hetze entgegenzustellen, verstärken die Politiker sie noch. Da kommt dann bei hirnlosen braunen Dumpfbacken das Gefühl hoch, um die Nation vor dem Untergang zu bewahren, müsse man endlich handeln und lieber das fertige Haus anzünden, als Gäste darin aufzunehmen. Mittlerweile gehört das Anzünden von Ausländerunterkünften zur Folklore, ähnlich Schützenfesten und Starkbieranstich, und das Nazigesindel hält sich für ein Weltkulturerbe.

Vor allem in den ostdeutschen Bundesländern hat sich eine rassistische Jugendkultur etabliert. So etwas geschieht ja nicht holterdiepolter, so etwas fällt auch nicht vom Himmel. Dazu ist zu sagen: Die CDU ist in Sachsen seit der Wiedervereinigung politisch führend, hat aber nicht das Geringste gegen diese Entwicklung unternommen. Tobt sich diese rechtsextreme und rassistische Jugendkultur unter Beifall und Mitwirkung der Bevölkerung exzessiv in sächsischen Kleinstädten aus, holen Kanzlerin, Innenminister und Bundespräsident einige passende Floskeln aus ihrem gemeinsamen Phrasenschrank und kippen sie ins Fernsehen. Aber davon, dass sie mal ihre sächsischen Parteikameraden kräftig ins Gebet nehmen, war bislang nichts zu hören. Da fragt man sich: Wie gelang es der Stasi der DDR, den Neofaschismus zu einer beliebten Freizeitbeschäftigung ostdeutscher Jugendlicher zu machen? Das kann nur einer dieser politisch dilettierenden Ossi-Pfaffen erklären, Markus Meckel. Der sagte im Radio: »Der staatlich verordnete Antifaschismus der SED war eine solche Qual, dass er viele Jugendliche in den Neofaschismus trieb, als Widerstandshandlung.« Darauf muss man erstmal kommen: Demnach waren die Nazis vom Nationalsozialistischen Untergrund, bekannt als Zwickauer Terroristengruppe NSU, die zehn Jahre lang mordend durch Deutschland zogen, Widerstandskämpfer gegen das DDR-Regime. Wenn das stimmt, dann haben die Russen nach dem Krieg nur halbe Arbeit geleistet, dann muss der gesamte Osten nochmal gründlich entnazifiziert werden; wir sollten den Osten mit Beton und Stacheldraht vom Westen abtrennen und Südfrüchte, Bohnenkaffee, Jeans und Perlonstrümpfe wieder rationieren. Bitte, verstehen Sie das nicht miss – ich hab wirklich nichts gegen Sachsen, aber …

Die Erschütterung der Republik über die NSU-Verbrechen hielt sich in Grenzen. Kein Umdenken, keine

Gesetzesänderung. Nie übernahm ein Minister Verantwortung für die Mordopfer von rechter Gewalt, auch gab es keine Rücktritte. Stattdessen: Rassisten in den europäischen Parlamenten, Antisemitismus, europäische Sinti- und Roma-Jagd. Aber keine Reformvorschläge für den Verfassungsschutz, keine Ideen für die Bekämpfung des Rechtsterrorismus, keine Änderung der Bildungspolitik, keine Maßnahmen, damit Kinder nicht herkunftsbedingt diskriminiert werden.

Und der einflussreichste deutsche Rassist, Sarrazin, ist immer noch (Sept. 2015) Mitglied der Sozialdemokratischen Partei, deren Vorsitzender Gabriel keine erkennbaren Probleme hat, mit diesem »Hobby-Eugeniker« gemeinsam zu singen: »Wann wir schreiten Seit' an Seit'«.

Eins allerdings sollte trotzdem klar geworden sein: Die konservative Theorie »Rechtsextrem ist gleich linksextrem« ist im Eimer. Diese These entsprang einer lange gepflegten konservativen Paranoia vor einer Hegemonie linker Intellektueller im öffentlichen Diskurs. Der unvermeidliche Talkshow-Labersack Arnulf Baring oder die schrullige ehemalige Vertriebenen-Chefin (und in der Unionsfraktion zuständig für Menschenrechte!) Erika Steinbach wurden nicht müde zu behaupten, die Nazis waren eine linke Partei. »NationalSOZIALISTISCHE deutsche ARBEI-

TERPARTEI …« Dass den Herrschaften die NSDAP zu links war, leuchtet ein. Steinbach und Baring können, wenn sie wollen, für ihre These auch einen kompetenten Kronzeugen aufrufen. »Die NSDAP verkörpert die deutsche Linke«, sagte schon 1931 Joseph Goebbels.

Auch nationalkonservative Historiker, Innenminister, Vertriebenenfunktionäre, Verfassungsschutzpräsidenten und sogar CSU-Generalsekretäre müssten einsehen können, dass es sehr wohl einen Unterschied macht, ob zum Totschlag entschlossene Rassisten und eine Mörderbande wie der NSU eine Nazi-Diktatur anstreben oder ob sozial engagierte Leute für die Enteignung der Banken und eine gerechtere Verteilung irdischer Reichtümer demonstrieren, und sie müssten verstehen können, dass es keineswegs das Gleiche ist, ob Punks mit bunten Haaren leer stehende Häuser besetzen oder ob Nazi-Glatzen nachts Obdachlose totschlagen.

Formaljuristisch sind Rassenhass, Diskriminierung und antidemokratisches Handeln zwar verboten. Doch rechtsradikale Skinheads, aber auch Krawattenträger in ordentlich gegründeten, staatlich finanzierten Neonazi-Parteien, wurden stets geduldet und im Konfliktfall mit Samthandschuhen angefasst. Man kann in Deutschland sogar seine nationalsozialistische

Idiotie in aller Öffentlichkeit und unter Polizeischutz demonstrieren. Als Nazi weiß man vermutlich gar nicht mehr, wohin mit all dem Wohlgefühl! Ein Karriereknick in Politik und Wirtschaft wegen Moslemhass und Ausländerfeindlichkeit wurde bislang nicht publik – Hauptsache, man ruft nicht laut »Heil Hitler« ins Parlament oder »Türke verrecke« in die Fußgängerzone. Darunter ist alles möglich.

Denn Politiker sind Opportunisten und haben stets auch ihre rechtsradikale Klientel wohlwollend im Blick. Der bieten sie, statt nachzudenken, lieber nur technische Begriffe rund um das Einwanderungsgesetz an, das aber Aufenthaltsgesetz heißen soll, weil man einen Aufenthalt schneller beenden kann: »Verteilungsschlüssel«, »Sichere Drittländer«, »Schnellere Verfahren«.

Was soll der landläufige Nazi mit diesen Begriffen anfangen, wenn er sich am Hauptbahnhof an einer Flüchtlingsgruppe vorbeidrückt? Hauptsache, er muss nicht damit rechnen, bei jedem Gang durch einen Bahnhof und bei jeder Zugfahrt von der Polizei angehalten, an die Wand gestellt und durchsucht zu werden wie ein Schwerverbrecher. Seine Hautfarbe ist schließlich weiß, und mit seinem tätowierten Stiernacken sieht er ja auch aus wie ein zivilisierter Mitteleuropäer. Wäre er schwarz, müsste er immer wieder

Kontrollen und peinlichste Befragungen über sich ergehen lassen, und das mitten in der Öffentlichkeit. Racial Profiling nennt sich das: polizeilicher Rassismus.

Alltägliche Diskriminierung und Rassismus erleben viele Menschen auch bei Ausländerbehörden, auf dem Wohnungsmarkt und wenn es um das Erhalten von Sozialleistungen geht. Immerhin lieferte das Schweizer Bundesgericht in Lausanne einen Leitfaden für den alltäglichen Umgang von rassistischen Polizisten mit dunkelhäutigen Reisenden. Es hat geurteilt: Die Ausdrücke »Sauausländer« und »Drecksasylant« seien nicht diskriminierend, sondern stellten nur eine Beschimpfung dar, weil ein Bezug zu Rasse, Ethnie oder Religion fehle. Die Richter gaben damit einem Polizisten recht, der einen algerischen Asylbewerber beschimpft hatte. »Du Rechtsprechungssau« oder »Staatsanwaltsdrecksau« ist demnach keine üble Diskriminierung demokratischer Organe, wohl aber »Du Drecksschweizer«. Zur Erläuterung sagte das Gericht in Lausanne, dass Begriffe wie »Sau« oder »Dreck« im deutschen Sprachraum seit jeher häufig verwendet würden, um jemanden zu beleidigen. Sie würden daher als bloße Beschimpfung, nicht aber als Angriff auf die Menschenwürde empfunden. Es spricht also nichts dagegen, sich vor den Reichstag zu stellen und zu

brüllen: »Scheißdrecksjustiz! Politikerschweine! Drecks-
bullen! Saupresse! Schweinestaat!«

Immerhin – Frau Merkel hat mal ein palästinensisches
Flüchtlingsmädchen gestreichelt. Dabei brachte sie das
Kunststück fertig, gleichzeitig zu streicheln und dem
Mädchen noch während dieser beruhigenden Geste
beizubringen, sie und ihre Familie müssten trotzdem
abgeschoben werden. Merkels Fachausdruck dafür lautet: »Eine erkennbare Nicht-Bleibe-Perspektive«.

Und niemand steht auf und sagt der Kanzlerin: Sie,
Frau Merkel, Sie haben doch Mitschuld am Elend
dieses Mädchens. Ihre perfide Wirtschafts- Agrar-
und Finanzpolitik, Ihre egoistische Dublin-Regel, haben Schuld. Und am schlimmsten ist: Sie haben
nichts getan, um die USA daran zu hindern, den Vor-
deren Orient mit aggressiv-militärischer Außenpoli-
tik in Brand zu setzen. Sie und ihre Regierung waren
mit Logistik und Waffenlieferungen immer mitten-
drin. Ihre Politik ist einfach nur zum Kotzen!

Nun kommen also die Kriegsflüchtlinge aus Afghanistan, Syrien, dem Irak und Eritrea in Deutschland an.
Möglicherweise wissen sie gar nicht, dass deutsche Politik ihr Flüchtlingsschicksal mitproduziert hat, dass
sie sich sozusagen in einem ihrer Herstellungsländer
befinden. Und hier erleben sie nun zunächst mal eine

Welle der Hilfsbereitschaft, vor der auch ein Satiriker um Fassung ringt: Freiwillig Hilfe leistende Bürgerinnen und Bürger tun das, was eigentlich die Aufgabe von Politik und Verwaltung wäre, und sie versuchen, das Versagen ihres Staates auszugleichen.

Währenddessen inszeniert sich das offizielle Deutschland als Wohltäter und Träger einer »Willkommenskultur«. Die Kriegsflüchtlinge werden zu nützlichen Objekten einer Medienkampagne: Deutschland wird als Heimstatt der Hilfsbereitschaft und der Humanität gefeiert – mit Notunterkünften für notleidende Flüchtlingen kann man ganz wunderbar von der eigenen Politik ablenken. Geht es noch verlogener?

Bundeskanzlerin Merkel, vor kurzem noch wegen ihrer Austeritätspolitik scharf angegriffen, mutiert vom Hitler-Zerrbild der Griechen zur heiligen Angela und Mama Merkel, Mutter der Verstoßenen. Was werden wohl die Griechen empfinden angesichts dieser Darstellung Deutschlands als Wohltäter der Welt? Frau Merkel kommt der internationale Imagegewinn nach dem weltweit schlechten Presse-Echo auf ihre Griechenland-Politik sehr gelegen: Sogar der US-Präsident hat die deutsche Kanzlerin gelobt, weil Deutschland so viele Flüchtlinge aus Syrien aufnimmt. Die USA als Hauptverantwortliche für all das Elend nehmen kaum welche auf.

Gleichzeitig kann die deutsche Regierung ständig mit dem Finger zeigen auf die angeblich wahren Staatsfeinde Deutschlands: Die sogenannten Schleuser und die Schlepperbanden. Früher hießen diese Leute mal »Fluchthelfer«. Sie galten als tollkühne Helden, die man mit Orden dekorierte, denn sie holten Menschen aus dem Nazireich oder aus der DDR raus – meistens übrigens auch gegen eine angemessen hohe Bezahlung. Und da verblüfft einen dann doch das Attribut »geldgierig«, das benutzt wird, um die Schlepper zu dämonisieren. Ist nicht die Geldgier laut neoliberaler Theorie die von Brüssel abgesegnete Kraft, die Wohlstand schafft? Den öffentlichen Heuchlern sei gesagt: Geschäftsleute, die in Landgrabbing investieren, Öl- und Gas-Manager, die mit ihren Bohrungen die Umwelt versauen, Inhaber von Textilfabriken, die den Tod von Kindern und Arbeiterinnen in Kauf nehmen, diese hoch angesehenen Verbrecher machen Menschen doch erst zu Flüchtlingen. Den moralischen Unterschied zu Schleppern soll mir mal jemand erklären. Wahrscheinlich sind das alles Russen … Zynischerweise kann man sagen: Deutschland bringt große Opfer, um die armen Flüchtlinge vor den bösen Schleppern zu beschützen. Das ist ein phantastischer Propagandaerfolg.

Und der deutschen Wirtschaft kommen diese Flüchtlinge gerade recht. Mit diesen Flüchtlingen lassen sich prima Profite erwirtschaften: Zelt-, Zaun- und Pritschenhersteller verzeichnen Rekordumsätze, Container sind ein Verkaufsschlager, die Gesundheitsindustrie boomt und sogar Deutschlehrer sind sehr gefragt. Wohnungsbau hat noch immer das Wirtschaftswachstum angekurbelt, und da hofft nun eine Armee von potentiellen Niedrigstlöhnern sehnsüchtig auf Arbeit. Mit Hilfe ausländischer Facharbeiter kann man den angeblichen Facharbeitermangel beheben, den Konkurrenzkampf anheizen und die Löhne senken. Unternehmerverbände haben auch schon signalisiert, der Mindestlohn sei zu hoch, denn der behindere die Integration der Flüchtlinge in den deutschen Arbeitsmarkt. Dabei ist es genau andersherum: Gelingt es dem Kapital, Hunderttausende arbeitsbereite und genügsame Flüchtlinge in ein Billigproletariat zu verwandeln, wird das Rassismus und gesellschaftliche Spaltung nach sich ziehen.

9. *Die grundsätzliche Verkehrtheit*

Es gibt ein paar Dinge, an denen man als Satiriker in Deutschland thematisch nicht vorbeikommt – Finanzamt, Deutsche Bahn, Bismarckdenkmäler, Kirchen. Und keine Glaubensgemeinschaft vermag so viel Wind zu machen wie die katholische Kirche. Das liegt an ihrer notorischen Nähe zur Macht und an den heißen Geschichten, die der Vatikan immer wieder produziert, z.B. Naziverschickung nach Südamerika, Mafia-Connections, Geldgeschäfte und Bankdirektoren, die man aufgehängt unter einer Londoner Brücke findet. Und es liegt am Chef dieses Unternehmens, dem Papst – einem Mann, der merkwürdigerweise an Gott glaubt, jedenfalls nach eigenem Bekunden, und der ein Superpromi ist für das ganz großen Medientamtam.

Wer aber meint, die moderne Zivilgesellschaft habe das Religiöse weitgehend privatisiert und nur zurückgebliebene, mittelalterliche Gesellschaften würden noch Erscheinungsformen des religiösen Fundamentalismus aufweisen, muss spätestens beim Hinscheiden eines Papstes seine Ansicht revidieren, denn dann muss man den Eindruck gewinnen, ganz Deutschland sei plötzlich katholisch geworden. Die Medien plustern den Tod eines alten Mannes auf zu einer klerikalen Daily-Soap, als hätte »Big Brother« in der Sixtinischen Kapelle Einzug gehalten, und in den Fernseh-Sondersendungen werden immer die gleichen Fragen an immer die gleichen Landpfarrer gerichtet. Eine von Quotengeilheit getriebene Betroffenheitsheuchelei wabert über das Land, und da alle Medien das gleiche berichten, halten sie diesen römisch-katholischen Karneval für die ganz große Kondolenz. Und niemals würde man den Tod eines Papstes und eine Fußball-Weltmeisterschaft in demselben Zeitraum veranstalten. So funktioniert Massenhypnose.

Gleich nach der Grablegung gibt es ein Riesenbrimborium um die Wahl des Neuen. Eigentlich kann jeder Papst werden: Literatur-, Bier-, Wein-, Börsen-, Pop-Kultur- und Gitarren-Papst. Sogar der Papst selber. Wahlberechtigt ist eine Hundertschaft alter Männer, die in seltsamen Gewändern obskure Rituale aufführen. Böse verkniffenes Greisentum, die Flachstirnigkeit außertariflicher Gehaltsklassen, Kahlköpfigkeit über brutalen Augen, heroisch geblähte Nasenflügel, latente Grundgeilheit in glattrasierten Pappgesichtern, ausgehungerter Ehrgeiz hinter funkelnden Brillengläsern, buttermild verlogene Münder und karnevalesk verhüllte Fettleibigkeit inszenieren ein weltweites Fernsehevent um einen mickrig qualmenden Schornstein. An jeder Ecke bricht der Kommerz mit dem heiligen Kitsch alle Rekorde, auf dem Petersplatz leuchtet Verzückung in den Augen der frommen Pilgerscharen aus Altötting und dem Rest der Welt, und Glanz tritt in die Augen der Gläubigen vor der Glotze.

Auch wenn schon vor der Wahl feststand, dass auch der neue Papst keine Frau, sondern ein katholischer Mann sein würde, weckt die Aussicht auf einen neuen Pontifex doch Hoffnung bei den Gläubigen, und nicht nur das fromme Fußvolk, sondern der globale Medienapparat spekuliert: Wer wird's werden? Ein gutaussehender schwuler Afrikaner, der Apple, Andy Warhol und Rosamunde Pilcher verehrt, der den Islam, das Judentum, den Hinduismus, den Buddhismus und die Lehren nepalesischer Bettelmönche für ebenbürtige Wege zu Gott hält? Ein lockerer Typ, mit Fehlbarkeitsdogma ausgerüstet, der Viagra und dessen Freundin die Antibabypille nimmt, und der nach der Sonntagsmesse zum Chillen eine Runde Golf mit den Mormonen spielt? Man hofft, der neue werde den Zölibat abschaffen, gleichgeschlechtliche Ehen gestatten, Frauen das Priesteramt öffnen, das gemeinsame Abendmahl mit Geschiedenen zulassen, Abtreibung billigen und die Angelegenheit mit der unbefleckten Empfängnis einer naturwissenschaftlichen Prüfung unterziehen. Aber präsentiert wird dann doch wieder ein alter Sack im Fummel, der als Nachwuchskraft gilt.

Der Papst ist ja der einzige Stellvertreter, der auf Erden etwas gilt. Die anderen Stellvertreter in der menschlichen Gesellschaft sind zweitklassige Figuren, die die Arbeit machen und dafür belächelt werden. Ein stellvertretender Sparkassenfilialleiter – wer nimmt denn so einen ernst? Und welcher Privatpatient lässt sich schon vom Stellvertreter des Chefarztes behandeln? Nur bei den Katholiken ist das anders: Da wird der Stellvertreter gefeiert und umjubelt. Denn wer kennt schon Gott …?

Des Stellvertreters Herz schlage für die Armen, heißt es, und er sei außerordentlich bescheiden, als ob im Vatikan irgendetwas bescheiden sein könnte. Es sei wichtig, dass die Menschheit sorgsam mit der Umwelt umgehe, ruft er aus, und die Welt sei ungerecht, weil der Kapitalismus Fehler mache, aber vom Kirchenvermögen lässt er nichts springen, und Worte des Bedauerns für die Mitwirkung seiner Organisation bei Conquista und Sklavenhandel sind auch nicht zu hören. Im Grunde ist der Papst genauso konservativ wie viele Türken: Er predigt zwar nicht den Ehrenmord, aber Frauen, die etwas zu sagen haben, kann er auch nicht leiden.

Was qualifiziert so einen zum Stellvertreter Gottes auf Erden? Um das zu ergründen, empfiehlt sich ein Blick in die Doktorarbeit des späteren Papstes Benedikt XVI., geborener Ratzinger. 1953 wurde er zum Doktor der Theologie promoviert. Der Titel seiner Dissertation: »Volk und Haus Gottes in Augustins Lehre von der Kirche«.

Doktorand Ratzinger schrieb:

Es gibt keinen anderen Weg zur Weisheit als den, in der Nachfolge des in unserer Fleischesniedrigkeit herabgestiegenen Gotteswortes in die Niedrigkeit des Glaubens einzugehen.

Ja, das passiert einem immer wieder, dass einem die besten Formulierungen beim Einsinken in die Fleischesniedrigkeit eingehen. Verblüffend auch der Satz:

Der Kreis schließt sich zurück zum Anfang.

Offenbar hat schon der junge Theologe Ratzinger den Kreis mit Anfang und Ende erfunden. Aber das kann der einfache Gläubige nicht verstehen, weil er nicht zur geistlichen Elite gehört. Was er vom gewöhnlichen Volk hält, drückt Benedikt so aus:

Schließlich hat die Menge bisher hauptsächlich nur das eine Anziehungsmoment für sich, daß man mit seinem Irrtum jedenfalls in großer Gesellschaft ist.

Und so ist der arme Ratzinger mit seinem Rechthaben stets ganz allein gewesen. Trotzdem kann Ratzinger Licht in eine dunkle Angelegenheit bringen: Er lüftet den Schleier des Geheimnisses, der die Beziehung des zölibatären Mannes zur Frau an sich umhüllt:

Was sich hier positiv ... herausstellen lässt, ist dies, daß die Kirche Braut oder Frau ist, sofern sie Volk ist.

Ok, damit kann man leben. Weniger klar ist der nächste Satz:

Die Kirche ist Körperschaft, und sie ist es doch nicht ...

Die Frau ist also keine Körperschaft, aber das Volk ist die Braut, oder was?

Das Volk-Sein des Volkes Gottes liegt auf einer gänzlich anderen Ebene als alle empirische Volkhaftigkeit. Das Volk Gottes ist selbst von einem Schleier des Empirischen überdeckt, der zwar unabtrennbar ist von ihm, aber keineswegs identisch ist mit seinem Wesen, sondern dieses lediglich anzeigt.

Klar, das Empirische zeigt das Wesen des Volkes an, und das ist uns schleierhaft. Der junge Ratzinger war offenbar ein großer Frauenversteher. Und besonders hat es ihm Monica, die Mutter von Kirchenvater Augustinus, angetan. Über sie schreibt Joseph Ratzinger:

Seine Mutter wurde ihm wirklich auch zur wiedergebärenden Mutter Kirche und gehörte ihm so in zweifacher Mutterschaft zu.

Donnerwetter, der traut sich was, der Ratzinger Joseph – erfindet einfach so die Doppelmutti. Aber damit nicht genug – einige Seiten später teilt er mit:

Wir sehen damit den Mutterschaftsgedanken Augustins auf seiner dritten Ebene.

Das ist eben Benedikt Ratzingers Art: Er muss immer noch einen draufsetzen. Aber die Frauenfrage hat er damit geklärt. Was ist mit der sozialen Frage?

Im Schenken des Almosens vollzieht sich das Hindurchtreten durch den Schleier vor das Antlitz des Vaters ... Die Armen sind der lebendige Altar des neutestamentlichen Opfers, erbaut aus den Gliedern Jesu Christi.

Das war ja klar: irgendwas ist mit diesen Pennern nicht in Ordnung. Und was auch kein Mensch bis dato wusste:

Gott hat auf Erden sein Zelt aufgeschlagen.

Aha, ein früher Pfadfinder.

Es enthüllt nicht mehr nur den Vorläufigkeitscharakter alles Sichtbaren, es stellt ebenso den Durchstoß über die zeitliche Begrenzung der Sichtbarkeitsordnung in die Zeitlosigkeit des Wesenhaften dar.

Also, das müsste jetzt klar sein: In die Zeitlosigkeit des Wesenhaften hinein wird auf jeden Fall durchgestoßen. Was durchgestoßen wird, das verrät er uns allerdings nicht, vermutlich meint er die Dreifachmutti. Doch in Hochwürden Ratzingers Doktorarbeit wird nicht nur triefender Klerikalkitsch zur Philosophie aufgeblasen. Es gibt auch noch leicht Verständliches:

Die grundsätzliche Verkehrtheit schließt ein relatives Gutsein nicht aus.

Das heißt auf Hochdeutsch: Auch wer komplett bescheuert ist, kann im Vergleich mit anderen Blödmännern immer noch ganz gut dastehen.

Es ist anzunehmen, dass Papst Benedikt diese Doktorarbeit wirklich selbst geschrieben hat.

Kein Wunder, dass der totale Wahnsinn ausbricht und das kollektive Kleinhirn zu Weichkäse gefriert, wenn der Oberschamane des Katholen-Voodoo mit seinem Gefolge aus pädophilen Opus-Dei-Visagen in Bayern einfällt. Den Medien ist es hysterische Sonderübertragungen wert, wenn der greise Sektenführer 150 Jahre nach Hegel und Darwin eine Moral predigt, die sich in mittelalterlichen Denkgrenzen hält. Politiker versacken in Demut vor dem Stellvertreter Gottes auf Erden, Staat und Kirche werden nahezu eins, und Bayern ist nicht mehr weit entfernt von den frommen Strukturen in manchen muslimischen Ländern.

Trotzdem: Die Auferstehungsbeamten und Jenseitsforscher sind verunsichert – es ist allzu viel durchgesickert und zu viele Menschen wissen, wie lang das katholische Sündenregister ist: Kreuzzüge, Inquisition und Hexenverbrennungen, politische Morde, Zensur, brutale Bereicherung, Verfilzung mit Unrechtsregimen, Segnung der Waffen in allen Lagern, Missionierung mit Gewalt, Menschenrechtsverletzungen, Kindesmissbrauch sowie alle anderen Verbrechen, die man diesseits des Paradieses auch noch so verüben kann. Und der Mummenschanz, der vor dem Altar aufgeführt wird – zur Ablenkung? zur Vertuschung? zur Buße? auf jeden Fall zum Eindruck-Schinden –, die seltsamen Kopfbedeckungen, die märchenhaften Damenroben, der unverständliche Singsang – diese Voodoo-Show der Weihrauchschwenker lädt ein zu Hohn und Spott, und das angeblich zölibatäre Leben der Priester animiert zu satirischer Betrachtung.

Der protestantische Gottesdienst ist im Vergleich zur katholischen Messe bühnentechnisch eine geistige Armenspeisung, das erschwert die Arbeit des Satirikers. Allenfalls aus diesen knochentrockenen württembergischen Pietisten und ihrer Kehrwochen-Mentalität lässt sich satirischer Honig saugen. In diesem frommen Milieu werden Kinder nicht zu Kabarettisten, sondern zu Terroristen.

Anlässlich des Reformationsjubiläums 2017 verkündete eine bischöfliche Würdenträgerin der Evangelischen Kirche Deutschland: »Die Glaubens- und Meinungsfreiheit in Europa entspringt dem Freiheitsgedanken der Reformation.«

Das erweckt Zweifel, denn schon einige Zeit vor Reformator Martin Luther gab es Menschen, die für Glaubens- und Gewissensfreiheit eintraten, zum Beispiel den tschechischen Prediger Johannes Hus, der dafür vor 600 Jahren während des Konzils in Konstanz verbrannt wurde.

Reformator Luther aber forderte von den Landesherren, die aufständischen Bauern, die eine andere Auffassung von Gerechtigkeit als ihre Unterdrücker hatten, zu stechen, zu schlagen und zu würgen. Luthers frauenfeindliche Sprüche sind Legende. Auch gegen die Juden verfasste er Kampfschriften, zu denen der Philosoph Karl Jaspers feststellte: »Luthers Ratschläge gegen die Juden hat Hitler genau ausgeführt.« Durch Luther und seine Reformation wurde der Gehorsam gegen die Obrigkeit als fundamentaler Wert festgelegt – mit üblen Folgen (»Man darf dem Pöbel nicht zuviel pfeifen, er wird sonst gern toll. Es ist billiger, ihm zehn Ellen abzubrechen, als ihm in einem solchen Falle eine Handbreit, ja, die Breite eines Fingers einzuräumen«, aus: »Ob Kriegsleute in seligem Stande sein können«, 1526). Da kann man leicht auf die Idee kommen, die eine oder andere von Luthers Schriften sei ein satirisches Pamphlet. Also – um den Reformator Martin Luther als Begründer des Freiheitsgedankens zu feiern, müssen ganz neue Quellen erschlossen werden …

Aber für den Dialog zwischen den Konfessionen war Luther bestens gewappnet, wie die folgende Textpassage zeigt. Selbstverständlich war das kein Aufruf zur

Gewalt, noch sollten damit die religiösen Gefühle der Katholiken und ihres Papstes verletzt werden. Der Papst sollte den Text wenn möglich als Einladung zu einem offenen und ernsthaften Disput verstehen:

»Warum greifen wir diese unheilvollen Verkünder von Ruinen, die Päpste, die Kardinäle, die Bischöfe und die ganze Horde des römischen Sodom nicht an mit allen Waffen, über die wir verfügen, und waschen wir nicht unsere Hände in ihrem Blut? Rom, die große Hure, muss zu Staub zermalmt werden. Danach sollte man ihn selbst, den Papst, die Kardinäle und was seiner Abgötterei und päpstlicher Heiligkeit Gesindel sind, nehmen und ihnen als Gotteslästerern die Zunge hinten am Hals heraus reißen und an dem Galgen annageln der Reihe nach, wiewohl das alles gering ist gegen ihre Gotteslästerei und Abgötterei.«

Diese Wortgewalt liefert doch jedem Mullah eine erstklassige Vorlage für das Freitagsgebet. Wenn sich die frommen Herren gegenseitig ihren Aberglauben, ihre historischen und aktuellen Sünden um die Ohren hauen, ist das ganz unterhaltsam. Hauptsache, es kommen keine Unbeteiligten zu Schaden.

Das Abendland wird seit Jahrhunderten von Menschen beherrscht, die eine Gottesmeise haben. Die deutsche Bundesregierung besteht 2015 aus bekennenden Sektenmitgliedern: Zwei Drittel Protestanten, ein Drittel Katholiken, eine Muslimin, und Deutschlands leitende Angestellte, die Bundeskanzlerin, hat öffentlich zugegeben: »Ich glaube an die Wiedergeburt.« Naja – vielleicht als Gemüse …

Trotzdem sind Gotteslästerung, Beschimpfung der christlichen Kirchen und Witze über deren religiöse Würdenträger in Deutschland relativ gefahrlos.

Anselm von Feuerbach, der Begründer des modernen deutschen Strafrechts, schrieb schon 1801 in seinem »Lehrbuch des gemeinen in Deutschland geltenden Peinlichen Rechts«: »Dass die Gottheit injuriert [beleidigt] werde, ist unmöglich; dass sie wegen Ehrenbeleidigungen sich an Menschen räche, undenkbar; dass sie durch Strafe ihrer Beleidiger versöhnt werde, Torheit.«

Im deutschen Reichstrafgesetzbuch von 1871 findet sich bereits ein Vorgänger des heutigen Paragrafen. Er bestraft die Gotteslästerung zwar noch, aber nicht mehr als Tat gegen Gott, sondern als Beschimpfung einer Kirche oder Religionsgemeinschaft.

Diese Konzeption hielt sich bis zur Liberalisierung des deutschen Strafrechts im Jahr 1969. Seitdem ist die Beschimpfung von religiösen Bekenntnissen nur noch strafbar, wenn sie »geeignet ist, den öffentlichen Frieden zu stören«. Dafür gibt's bis zu drei Jahre Freiheitsstrafe oder eine Geldstrafe. Ebenso wird bestraft, wer öffentlich oder durch Verbreiten von Schriften eine im Inland bestehende Kirche oder andere Religionsgesellschaft oder Weltanschauungsvereinigung, ihre Einrichtungen oder Gebräuche in einer Weise beschimpft, die geeignet ist, den öffentlichen Frieden zu stören.

Geschützt werden also nicht mehr die Ehre der Kirche oder die religiösen Gefühle der Gläubigen, sondern geschützt wird das friedliche Zusammenleben in der Gesellschaft.

Das haben die frommen bayrischen CSU-Politiker nicht akzeptiert. Sie wollten die einschränkende Friedensklausel 2000 wieder abschaffen und ihre religiösen Gefühle in einem speziellen juristischen Schutzgehege unterbringen. Die Begründung lieferte der CSU-Abgeordnete Norbert Geis im Bundestag: »90 Prozent der Strafanzeigen von betroffenen Christen werden mit dem Hinweis zurückgewiesen, der öffentliche Friede sei nicht gestört«, unbehelligt dürfe der gekreuzigte Jesus Christus als »Balkensepp« oder als »Lattengustl« bezeichnet werden.

Markus Söder, ein CSU-Funktionär, der seine Glatze innen trägt, forderte »ein klares Blasphemie-Verbot« im Strafrecht. Und der renommierte katholische Moraltheologe Dr. Edmund Stoiber ging der Angelegenheit auf den tiefsten Grund des großen »Äh«, indem er kurz und prägnant das gesunde Volksempfinden formulierte und so die Richtung künftiger Rechtsprechung vorgab: »Moslems halten uns auch deshalb für ungläubig, weil wir unseren Glauben nicht ausreichend leben und verteidigen.« Das soll wohl heißen: Wenn in Deutschland Gotteslästerer wieder hinter Gitter kämen, wäre endlich Schluss mit der unerträglichen Diskriminierung von Christen durch die Anhänger Mohammeds.

Eins haben die frommen Streiter wider das Ketzertum dabei nicht bedacht: Wer ein Vetorecht für jeden schafft, der sich in seinen »religiösen Gefühlen verletzt fühlt«, der landet irgendwann an dem grotesken Punkt, dass auch dem Papst der Mund verboten werden muss. Also besser, der Paragraf 166 wird ganz abgeschafft. Über Religion muss genauso frei geschimpft, gespottet und gelacht werden können wie über politische Parteien, Showstars, den ADAC oder Fußballvereine. Auch diese mögen manchem heilig sein, aber in einer freien pluralistischen Gesellschaft muss man mit der Meinungs- und Kunstfreiheit der anderen Bürger leben. Die christlichen Kirchen mit Satire zu attackieren war und ist segensreich und verdienstvoll. Allerdings: Den öffentlichen Frieden zu stören kann gelegentlich auch mal teuer werden:

Zu Weihnachten 1981 hatte Felix Rexhausen in *Pardon* eine alberne Schnurre veröffentlicht, betreffend den Weihnachtsverkehr. Die daneben abgedruckte Weihnachtskarikatur zeigte, wie sich eine fröhliche, aber vielleicht nicht gerade heilige Familie mit ihren Haustieren im Stall in eine oh selige Stimmung vögelt. Fromme Schülerinnen und Schüler aus Fulda beschwerten sich über diese Ungeheuerlichkeit beim Deutschen Presserat, ein Hamburger Richter, angestiftet vom Münchner Oberlandesgericht, bezeichnete die Vorgänge in der Zeichnung als Sodomie, und die Darstellung sei geeignet, den öffentlichen Frieden zu stören. Der Richter, gefragt, was er denn so an Weihnachten treibe, ob er praktizierender Christ mit eigener Krippe sei und Kirchenkitsch und frömmelnd-zynischen Rummel mitmache, weigerte sich, darauf zu antworten. Auch, ob er am Heiligen Abend lieber kifft oder sich besäuft, war nicht zu erfahren. Am Ende der Auseinandersetzung stand fest: Ein deutscher Richter ist in Weihnachtsangelegenheiten nicht befangen, schon gar nicht, wenn er sich Christ nennt. Der Richter wollte unbedingt mit dem Klingelbeutel Ketzer jagen. Das gelang ihm: Schließlich hatte er 3 200 D-Mark im Sack.

Die folgende Kabarettnummer der »Münchner Lach- und Schießgesellschaft« aus dem Jahr 1989 störte hingegen den öffentlichen Frieden nicht:

Kirchenrecht

(Lautes, dann ausklingendes Glockenläuten vom Turm einer Gottesimmobilie)

Frau: Diese Bimmelei – ist ja Horror. Der blanke Aberglaube.

Mann: Typisch christliches Abendland. Bimbam machen, aber über die indischen Kühe lachen.

Kaplan: Es würde euch nicht schaden, dem Ruf der Glocken hin und wieder Folge zu leisten.

Mann: Weißt du, immer wenn ich mir so einen frommen Menschen ansehe, denke ich: Der müsste eigentlich viel getrösteter aussehen. Nietzsche.

Kaplan: Ich bin bekümmert Euretwegen. Jeder Muselmann ist gottgefälliger als Ihr.

Frau: Ich finde es unerhört: Es gibt in unserem Land zwei Unternehmen mit schier unbezahlbaren Privilegien. Diese Unternehmen können machen, was sie wollen. Nichts stört sie. Kein Personalvertretungsgesetz, kein Betriebsverfassungsgesetz, kein Mitbestimmungsgesetz.

Mann: Und diese Unternehmen sind von allem befreit sind. Die zahlen keine Einkommensteuer, keine Umsatzsteuer, keine Gewerbesteuer, keine Grunderwerbsteuer, keine Verwaltungsgebühren. Und Gerichtskosten zahlen sie auch nicht!

Kaplan: Diese Unternehmungen, wie Ihr sagt, sind

eben für den Staat von besonderer spiritistischer Bedeutung.

Frau: Ja, deshalb kriegen sie in den Medien auch reichlich Werbezeit. Kostenlos, versteht sich.

Kaplan: Gottes Wort lässt sich nicht unterdrücken.

Mann: Aber an die Lärmschutzgesetze könnte man sich schon halten.

Frau: Weißt du, wenn diese Unternehmen ihre Betriebsversammlungen abhalten, im Olympiastadion oder wo, dann kriegen die vom Staat eine fulminante Finanzspritze.

Mann: Ja, der Staat ist ja auch sonst für die als Geldeintreiber unterwegs.

Frau: Stimmt es eigentlich, dass die Ausbildung und später auch die Gehälter der leitenden Herren vom Staat bezahlt werden?

Kaplan: Wenn Sie die Religionslehrer und Theologieprofessoren meinen, allerdings. Sie dienen ja auch dem Allgemeinwohl.

Mann: Weißt du, der ganze Laden ist einfach so konstruiert, als ob die Betreiber von McDonald's die Lehrstühle für Ernährungswissenschaft kontrollieren.

Kaplan: Wenn Sie es ganz genau wissen wollen: Auch unsere im militärischen Bereich tätigen Mitarbeiter werden ebenfalls vom Staat bezahlt.

Mann: Kasernen-Missionare. Für jeden Treffer gewähren sie die vorauseilende Begnadigung.

Frau. Und wer danebenschießt, kommt nicht in den Himmel.

Kaplan: Sie versündigen sich.

Mann: Nun hören Sie mal zu – mein Sohn…

Kaplan: Bitte?

Mann: Mein Sohn, ja, der lehnt diese Glaubensunterweisung in der Schule ab. Als Ersatz muss er in die Ethikstunde.

Kaplan: Nun gut, da kann er durchaus auch was Anständiges lernen.

Mann: Aber es ist verfassungswidrig.

Frau: Wenn es keine Pflicht gibt, diesen Unternehmen anzugehören, kann es auch keine Ersatzpflicht geben.

Mann: Nein, sonst kommt nämlich eines Tages einer und verlangt von allen Leuten, die nicht in diesem Unternehmen drin sind, sie sollen gefälligst eine Ersatzsteuer löhnen.

Kaplan: Ja, wenn es dem Allgemeinwohl dient, warum nicht?

Frau: Es treten doch viele Leute aus diesen Unternehmen aus.

Kaplan: Solche wie Ihr. Aber auf die können wir leicht verzichten.

Frau: Angenommen, wir scharen alle, die ausgetreten sind, um uns und dann gründen wir nach bewährtem Muster ein eigenes Unternehmen.

Mann: Edle Motive könnte uns niemand absprechen.

Frau: Und dann erheben wir Anspruch auf diese Ersatzsteuer. Der Staat soll sie für uns kassieren.

Kaplan: Da könnte ja jeder kommen.

Frau: Richtig! Er hat es kapiert.

Mann: Und dann lassen wir uns unter Naturschutz stellen.

Kaplan: Was soll denn das heißen?

Mann: Paragraf 166. Dieser Paragraf verleiht allen geistlichen Unternehmen einen juristischen Freiraum.

Kaplan: Sie werden den Paragraf 166 schon noch kennenlernen, wenn Sie so weitermachen.

Mann: Wer uns verklagt, macht sich lächerlich.

Frau: Also ich sag's jetzt mal, ja? Wir gründen eine Kirche.

Mann: Ja. Wider den modischen Te-Deum-Sound.

Frau: Aber ohne Zölibat. Da mach ich nicht mit.

Mann: Aber selbstverständlich. Zölibat ist Mord am ungezeugten Leben.

Kaplan: So. Das notiere ich mir jetzt.

Frau: Sag mal, hast du was dagegen, mich zum Chef zu wählen?

Mann: Also, ich wäre dann SEIN Stellvertreter.

Kaplan: Gott braucht keinen Stellvertreter.

Mann: So. Das notier ich mir jetzt.

Frau: Nun gut, also kein Stellvertreter. Aber Generalimitator.

Mann: Und ich werde dein Ratzinger.

Frau: Wer?

Mann: Ratzinger. Dem Papst sein Stoiber.

Kaplan: Sie sind doch von allen guten Geistern verlassen.

Frau: Aber, aber – ich habe zu Hause immerhin eine Monstranz.

Mann: Eine Kredenz, meine Liebe, eine Kredenz.

Frau: Quatsch. Ich weiß doch, was ich zu Hause habe.

Mann: Sehr gut. Niemals einen Irrtum zugeben, immer beinhart auf dem Standpunkt beharren. Sehr gut machst du das. Auch der Papst hat nicht die göttliche Gabe, gelegentlich seine eigenen Worte zu bezweifeln.

Kaplan: Eure, äh, Sekte da – Ihr habt doch gar kein Programm.

Mann: Habt Ihr eins?

Kaplan: Natürlich. Das Beste. Die Bergpredigt.

Mann: Und was habt Ihr daraus gemacht? Seit 1 600 Jahren seid Ihr überall an der Macht. In Politik, Wirtschaft, Kultur. Das Ergebnis kann man doch nur als mies bezeichnen.

Frau: Könnte es vielleicht an euerm Verein liegen, dass nur noch Analphabeten an ungebremste Fortpflanzung denken?

Kaplan: Das ist gotteslästerlich.

Mann: Nein, das ist Unternehmenskritik. Euer Programm hatte doch die längste Chance der Geschichte. Es wird wirklich Zeit für ein neues.

Kaplan: Sie haben ja keins.

Mann: Doch. Nimm, was du kriegen kannst, und gib Gott, was du entbehren kannst.

Frau: Das Gebot kennen Sie doch wohl?

Mann: Komm, wir gehen.

Kaplan: Wo wollen Sie denn noch hin?

Mann: Wir gehen jetzt diese Nummer beichten.

Deutschland ist kein Gottesstaat, auch wenn einige Indizien diesen Verdacht nahelegen. Zum Beispiel gibt es in Rundfunk und Fernsehen religiöse Sendungen en masse, und kein Mensch kommt auf die Idee, diese Sendungen im Sinne des Verbraucherschutzes mit dem Warnhinweis »Werbesendung« zu versehen. Dabei gebote das allein schon der Respekt vor den konfessionsfreien Staatsbürgern.

Alle Welt verlangt Respekt. Und am lautesten fordern die Respekt, deren Gehirne am effizientesten mit Aberglauben zugekleistert sind. »Wir müssen uns mit Respekt begegnen!«, schreit es aus allen Ecken und Herrgottswinkeln. Wirklich? Ist das so? Warum wird dann denen, die sich nicht den drei großen monotheistischen Religionen verpflichtet fühlen, der Respekt verweigert? Offenkundig braucht diese Welt viel mehr Respektlosigkeit: gegenüber

Würdenträgern, Wirtschaftsherren, geistlichen Amtsinhabern, Milliardenerben, Uniformträgern, Kanzlerinnen, Päpsten, Direktoren, Präsidenten und anderen parasitären Käsewürmern. Aber solange die Gesellschaft daran festhält, man müsse religiösen Glauben schon deshalb respektieren, weil es sich um religiösen Glauben handelt, kann man doch auch dem Oberaffen der Klingonen den Respekt nicht versagen.

Angeblich herrscht in Deutschland Religionsfreiheit: Jeder darf jeden Quatsch glauben. Wer glaubt, dass er von Aliens abstammt, von einer Heuschrecke oder einer Buchsbaumhecke, darf dies gern tun. Und niemand wird gezwungen, seinen Glauben zu begründen. Gläubig zu sein, gilt als völlig normal, und ein überzeugter Veganer erregt mehr Aufsehen als ein regelmäßiger Gottesdienstbesucher.

Ungläubige wiederum verstehen unter Religionsfreiheit, nicht belästigt zu werden von den religiösen Aktivitäten ihrer Umgebung. Glockenläuten zum Beispiel ist für sie eine höllische Lärmbelästigung. Der Dichter Peter Hacks notierte dazu:

>Die Glocke stört. Es stört der Muezzin.
Man bringe sie zum Schweigen. Die wie ihn.«

Peter Hacks lebte in der DDR. Im christlichen Bayern hatte er es nicht mehr ausgehalten. Von dort erreichen bis heute besonders glaubensfeste Sprüche das ungläubige Umland, gerade auch von Politikern. So dröhnte ein CSU-Generalsekretär: »Bayern ist und bleibt ein christlich geprägtes Land, daran lassen wir nicht rütteln … In jedem Fall werden wir in Bayern alle gesetzlichen Möglichkeiten ausschöpfen, damit das Christentum bei uns in Bayern privilegiert bleibt und weiterhin das prägende Wertefundament für unsere Gesellschaft ist.«

»Wertefundament«: Was für eine abgelatschte Floskel! Und was faselt er von »prägend«? Wahrscheinlich plappert er nach, was die Kanzlerin behauptete, als sie überall rumerzählte, die prägende Kraft unserer Kultur seien die christlich-jüdischen Werte. Offenbar war ihr nicht bewusst, dass die europäische Kultur in erster Linie der Wiedergeburt der heidnischen Antike, also der Renaissance, entstammt sowie der Aufklärung – Voltaire, Lessing und so weiter.

Die großen deutsch-europäischen Lehrer Marx, Nietzsche und Freud hätten es sich entschieden verbeten, sie als christlich-jüdisch geprägt zu bezeichnen, noch dazu in falscher Reihenfolge.

Keine unserer klassischen Kulturgrößen hatte irgendetwas mit dem Christentum am Hut, denn Todesangst galt denen als Privatsache, und unser oberster Kulturpapst, Johann Wolfgang Goethe, hätte sich bei

Merkels Worten tief beleidigt abgewendet: Der ruhte damals schon lange auf dem west-östlichen Divan …

Es wäre allerdings kaum verwunderlich, wollten die Kanzlerin und in ihrem Gefolge der CSU-Generalsekretär die heimische Kultur des Scheiterhaufens den fremden Praktiken der Steinigung entgegenstellen und Martin Luthers und Johann Sebastian Bachs Judenhass der Israelfeindlichkeit der Hisbollah. Den von »Wertefundamenten« schwatzenden Politikerinnen und Politikern sollte mal ein barmherziger Mensch sagen: Als Friedrich Schiller notierte »Sire, geben Sie Gedankenfreiheit«, ging er davon aus, dass es Gedanken gibt, für die es sich lohnt, Meinungsfreiheit zu fordern.

Trotzdem kann man das Stichwort »Werte« aufgreifen und mal fragen: Welche Werte sind gemeint? Natürlich – christliche Werte sollen es sein. Aber mit ein bisschen Phantasie könnten es auch die Werte der Aufklärung sein. Und selbstverständlich enthalten auch die islamischen und die jüdischen Werte Nachdenkens Wertes. Also braucht das Volk einen Werteunterricht an den Schulen, denn Kinder sind ja zunächst absolut wertefrei.

Aber so, wie es zur Zeit aussieht, sollen die Kinder – ähnlich den Gänsen in der Dordogne zur Gewinnung von Leberpastete – ausschließlich mit CSU-Glaubenssätzen vollgestopft werden zur Gewinnung von Wertepasteten. Zur Wertevermittlung könnte man ja auch

Wertmarken ausgegeben, und Überraschungseier werden gezwungen, in jedem dritten Ei einen Wert zu verstecken, das bayerische Fernsehen muss im Vorabendprogramm eine Serie »Deutschland sucht den Superwert« bringen, und vor allem ist es wichtig, dass die Heranwachsenden möglichst frühzeitig lernen, mit den stabilsten Werten an die Börse zu gehen.

Einen mutigen Schritt in die richtige Richtung tat die Politikerin Ursula von der Leyen, als sie noch Familienministerin war: Sie schloss mit der katholischen und der protestantischen Kirche ein »Bündnis für Erziehung« – die christliche Leitkultur sollte durchmarschieren und christliche Werte sollten die Richtschnur der Erziehung sein: Respekt, Toleranz und Hilfsbereitschaft hießen die wichtigsten Lernziele, sagte sie.

Man glaubt es nicht, aber die fromme Dame meinte das ernst. Respekt, Toleranz und Hilfsbereitschaft – schön und gut, niemand hat was dagegen. Aber was hat die Kirche damit zu tun? Respekt, Toleranz und Hilfsbereitschaft haben die Kirchen nun wirklich weder erfunden noch gepachtet, geschweige denn stets praktiziert.

Der Satire würde viel Arbeit abgenommen, wenn darüber Konsens bestünde, dass Religionen die Denkfähigkeit beeinträchtigen und die Gewaltbereitschaft befördern. Sinnvoll wäre es demnach, jede Art von religiöser Unterweisung in den Schulen abzuschaffen. Die Inhalte der diversen Religionen kann man im Ethikunterricht miterledigen und Religionsgeschichte als Teil des Geschichtsunterrichts. Dann könnten die Kinder statt irgendwelcher Glaubensbekenntnisse, die sie ohnehin nicht verstehen, den Pariser Bischof Wilhelm von Auvergne kennen lernen, der schon im 13. Jahrhundert offen zugab, »würden die Priester nicht von der Hölle reden, würden sie verhungern«, und dass die von der Geistlichkeit formulierten schrecklichen Höllen- und Fegefeuer-Drohungen nur eines bewirken sollten: nämlich Gehorsam erzeugen.

Die Kinder könnten auch erfahren von der Schrift eines Anonymus mit dem Titel »Traktat über die drei Betrüger«, die vor über 300 Jahren erschienen ist. In diesem Traktat wird Moses als machtgieriger Gauner vorgeführt, Jesus als gerissener Betrüger, der keine gebildeten Leute in seiner Gefolgschaft duldete, weil er nur allzu gut wusste, dass seine Lehre mit der Vernunft nicht in Einklang zu bringen war, von Mohammed heißt es, muss sich fernhalten, wer die Wahrheit liebt, und über die sogenannten Gläubigen steht in diesem Traktat: »Nachdem sich die Menschen den Glauben an unsichtbare Kräfte, die für ihr Glück und Unglück verantwortlich sind, in den Kopf gesetzt hatten, schworen sie dem Verstand und der Vernunft ab und hielten ihre Hirngespinste für Götter. Sie errichteten diesen imaginären Wesen Altäre und fanden ihren Zusammenhalt in nutzlosen Zeremonien und einer abergläubischen Verehrung phantasieentsprungener Phantome.«

Es ist absurd, Religion zu einem eigenständigen Schulfach zu machen: Religion kann kein Fach sein, da kein Wissen vermittelt, sondern nur mit Spekulationen jongliert wird. Die Existenz eines Gottes und anderer himmlischer Heerscharen ist bislang ja nicht bewiesen. Macht nichts, meinte Papst Ratzinger in einer Enzyklika, der Glaube schenkt einem Gewissheit. Und so ersetzen die Gläubigen aller Konfessionen Wissen durch »Glaubensgewissheit«. Glaubensgewissheit – das ist ein Oxymoron, ein Widerspruch in sich selbst – wie Scheiblettengenuss oder Friedensarmee.

Die Frage bleibt offen: Wie kommt Moral ins menschliche Gehirn? Diese Frage stellt sich der Mensch im Nachdenken über sich selbst schon lange. Wie und wo lernt man Güte, Mitleid, Gerechtigkeitsempfinden, Respekt vor der Würde von Mensch und Tier? Man muss nicht unbedingt die Philosophen gelesen haben, um sich moralisch zu verhalten. Aber erst recht nicht muss man dem Klerus folgen. In keiner Religion.

Eigentlich ist in Deutschland die Trennung von Kirche und Staat beschlossene Sache, aber das lässt sich ändern: Als der Sender MTV eine Zeichentrickserie mit dem Titel »Popetown« zeigen wollte, deren Helden ein durchgeknallter Papst und ein krimineller Kardinal waren, da bekam die deutsche Bischofskonferenz einen ganz dicken Hals: Der Generalsekretär des Zentralkomitees der deutschen Katholiken – das heißt wirklich so: Zentralkomitee! – mit Namen Stefan Vesper posaunte: »Eine solche Verhöhnung des Glaubens können sich Christen nicht gefallen lassen«.

Doch, können sie: Das stärkt den Glauben.

Und Hans Joachim Meyer, der Präsident des Zentralkomitees, schäumte: »Wir fordern alle Christinnen und Christen in Deutschland auf, sich unserer Forderung, dass die Serie ›Popetown‹ nicht gezeigt wird, anzuschließen.« Vielleicht hätten die vernunftbegabten Christinnen und Christen der Forderung des Zentralkomitee-Präsident sogar entsprochen, aber dazu hätte ihnen Hans Joachim Meyer erstmal die Möglichkeit anbieten müssen, sich die Serie anzusehen, denn nur so hätten sie sich ja eine eigene Meinung bilden können. Offenbar war diesem Herrn Meyer – Absolvent der Akademie für Staats- und Rechtswissenschaften in Potsdam und ehemaliger Minister für Wissenschaft und Kunst des Landes Sachsen – im Laufe seiner langen politischen Karriere nie aufgefallen: Wer Zensur fordert, verlangt auch einen Bruch des Artikels 5 Grundgesetz.

Aber ganz seiner Meinung war der Verbalartist Stoiber. Durchaus im Vollbesitz seiner verzappelten Flachköpfigkeit sagte er: Bei der MTV-Serie handele es sich um einen »üblen Angriff auf viele Menschen unter dem Deckmantel der Satire«. Vermutlich meinte Herr Stoiber, Angriffe auf Menschen sollten nur noch unter dem Deckmantel der Rettung des Sozialstaats erlaubt sein, denn einen Deckmantel der Satire gibt es nicht: Satire ist das Gegenteil eines Deckmantels. Und schließlich hat der bedeutende Satire-Sachverständige und Religionswissenschaftler Edmund Stoiber auch noch ex cathedra verkündet: »Bei aller Toleranz – aber Kathedralen müssen höher sein als Moscheen«. Dabei hat er nur eines nicht bedacht: Je höher die Kathedrale, desto schlechter die Akustik.

Nun fordern viele Menschen, dass die katholische Kirche sich gefälligst öffnen solle. Aber das kann sie nicht, denn sie wurde gegründet, um sich von Andersgläubigen abzugrenzen. Als Dank für Mitgliedschaft und Kirchensteuer bietet die katholische Kirche ihren Vereinsmitgliedern Paradies und Wiederauferstehung, allerdings ohne Sicherheiten. Immerhin: Niemand ist gezwungen einzutreten. Wer allerdings in die Kirche eintritt, kann nicht gleichzeitig bedingungslos auch für die Demokratie eintreten. Die Kirche wurde nicht gegründet, um für Gleichberechtigung zwischen den Geschlechtern zu kämpfen, um der Diskriminierung von Homosexuellen Einhalt zu gebieten oder um die

Reichen zu veranlassen, den Armen von ihrem Vermögen abzugeben. Wer so unchristliche Gedanken in die Tat umsetzen will, sollte versuchen, sich an der CDU/CSU abzuarbeiten, denn Demokratie wird nicht in Kirchen gemacht, sondern in politischen Parteien.

Dabei gilt es jedoch, eine große Schwierigkeit zu überwinden: In Parlamenten, in denen ja bekanntlich Gesetze beschlossen werden, sitzen Kirchenleute, auch in Schlüsselpositionen, die einerseits politische Mandate wahrnehmen und andererseits in hochrangigen Gremien die Belange der Kirchen managen. Die Liste dieser Mandatsträger, die als Lobbyisten im Bundestag die Interessen ihrer religiösen Vereine – z. B. des Zentralkomitees der Katholiken oder der Synode der Evangelischen Kirche – vertreten, ist ziemlich lang. Und alle stehen vor der Alternative: Entweder ist man ein demokratischer Politiker, der sich dafür einsetzt, dass kein Mensch aufgrund seiner Geschlechtes, seiner sexuellen Präferenzen, seines Glaubens und seiner Herkunft diskriminiert werden darf, oder man ist als Kirchenfunktionär beispielsweise dem Apostel Paulus verpflichtet, der glaubte, Frauen hätten sich den Männern unterzuordnen:

»Ich lasse euch aber wissen, dass Christus das Haupt eines jeden Mannes ist; der Mann aber ist das Haupt der Frau.« (1. Kor 11,3)

Diesen Zwiespalt zwischen Glaube und akzeptablem Sozialverhalten kann ein denkender, selbstkritischer, seinem Gewissen verpflichteter Abgeordneter nur mit einer gut entwickelten Gesinnungsflexibilität beherrschen – aber die Betroffenen sind in aller Regel ja enorm elastisch und belastbar.

Und diese frommen Politiker, die gleichzeitig obszöne Kathedralen der Geldverehrung und -vermehrung erbauen lassen wie die 2015 eingeweihte EZB-Zentrale in Frankfurt – die sind die natürlichen Gegner der Satiriker. Denn die Satire will ein besseres Leben für alle im Hier und Jetzt.

Manchmal ist aus dieser christlich-unchristlichen Gemengelage auch ein herzerfrischender Ton zu hören, den ein besonders christlicher Abgeordneter dann auch sofort als »unglaubliche Entgleisung« einzuordnen weiß: Als die Christenunion mal ein Sonderrecht für die Kirchen verlangte, damit diese keine Mitarbeiter fremder Konfessionen einstellen müssten, soll die damalige sozialdemokratische Bundesjustizministerin Brigitte Zypries gezischt haben: »Das Selbstbestimmungsrecht der Kirchen geht mir am Arsch vorbei!« Wäre sie eine Satirikerin, wäre ihr bestimmt auch noch die Formulierung eingefallen: »Die Kirchen können mich mal, und zwar kreuzweise!«

10. Das Hosenwunder

Über Religion ist, da es sich um einen Glauben handelt, ein Gespräch im Sinne von Verständigung nicht wirklich möglich. Denn im Glauben zählen keine Argumente, sondern Überzeugungen. Trotzdem kann die Satire, wenn sie über den christlichen Glauben lästert, vom Islam nicht schweigen, denn bei aller Toleranz: der Glaube an Gespenster und andere Geister ist nun mal nicht zu tolerieren.

Die Satire vermutet, jede Religion wurde von einer Erpresserbande erfunden, die ihren Geschäftsbereich ausweiten wollte und dabei auf die geniale Idee verfiel, Angstmacherei als Liebe zu verkaufen, um dann zu sehen, wie viel Spaß man mit den Folgen haben kann. Die Satire argumentiert: Vernunft macht sich lächerlich, wird sie zur Rechtfertigung des Glaubens eingesetzt, und jede Ideologie und jede Religion, die sich die Vertreibung der Menschen ins Paradies zum Ziel gesetzt hat, ist lachhaft.

Islamische Glaubenskonzepte stehen den von der Satire vertretenen Werten genauso inakzeptabel gegenüber wie die christlichen. Besonders unverständlich und unannehmbar für Satiriker ist die wütende Ablehnung von Atheismus und das muslimische Apostasieverbot, nach dem man nicht aus der Religion austreten darf. Einer intoleranten Ideologie kann gerade die Satire nicht durch Toleranz beikommen. Archaische Weltanschauungen auch nur zu tolerieren – dazu ist sie nicht gemacht.

Immer wieder haben sich Religionen der Verfolgung und Ermordung von Freigeistern, Humanisten, Aufklärern, Intellektuellen, Wissenschaftlern und eben auch Satirikern schuldig gemacht. Und wer Ungläubige und Andersgläubige als Gottlose diffamiert und stigmatisiert, trägt den Keim des Terrorismus in sich.

Jeder konservative Muslim fühlt sich durch ein knutschendes schwules Paar, durch eine junge Nachbarin, die vergnügt ihre Sexualpartner wechselt, durch Biertrinken in der Öffentlichkeit und durch das Bekenntnis zur Gottlosigkeit verletzt. Na und? Meinungsfreiheit und körperliche Unversehrtheit sind zumindest für Satiriker wichtiger als der Schutz religiöser Gefühle.

Erzkatholische Kirchgänger, konfliktscheue Protestanten und andere »Gutmenschen« mögen das anders sehen – die »Würde der Religionen« soll der Satiriker achten, sagen sie, und zur Not eben auch mal eine Beschneidung der freien Meinungsäußerung hinnehmen. In Diskussionen bezichtigen sie den Satiriker der Islamophobie und tun so, als sei dessen Ablehnung religiöser Ideologien und Moralvorstellungen schon Rassismus.

Wie einfach eine Annäherung zwischen Christen und Muslimen sein könnte, hat Pierre Bayle, einer der größten Geister der Aufklärung, vor über 300 Jahren in der folgenden Satire beschrieben:

»Ein Mann aus Genua war so neugierig darauf zu sehen, was die Mauren oder Sarazenen in ihren Moscheen trieben, dass er sich heimlich dort einschlich, obwohl er ihre Gewohnheit sehr genau kannte, alle Christen, die eine Moschee betraten, zu töten oder sie zu zwingen, dem Christentum abzuschwören. Nun war er aber von einer derart großen Menschenmenge umgeben, dass er nicht nach draußen gelangen konnte, als ihn etwas überkam, was danach verlangte, dass er draußen wäre, denn eine natürliche Notwendigkeit bedrängte ihn heftig. Er war nicht Herr über sie und sah sich kurz darauf in Todesgefahr, weil der widerliche Gestank, der sich um ihn herum verbreitete, sein Missgeschick verriet. Er befreite sich aus dieser üblen Lage, indem er zu verstehen gab, dass er seit langer Zeit unter Verstopfung leide und gekommen sei, um sich an Mohammed zu wenden und daraufhin augenblicklich Erleichterung erfahren habe. Daraufhin nahm man seine Hose, hing sie in der Moschee auf, und die Gläubigen riefen: »Es ist ein Wunder geschehen! Ein Wunder!«

Jeder an einen Gott glaubende Mensch sollte in der Lage sein, diese schöne Geschichte auszuhalten. Und wenn nicht: Was wären Religionen ohne ihre Märtyrer?

Auf dem Niveau voller Hosen kann man sich doch locker einigen: Christen und Moslems glauben an Wunder, an einen Gott, dessen himmlisches Personal zum Teil bereits identisch ist, beide Konfessionen sind von Auferstehung nach dem Tod und ewigem Leben überzeugt, und beide fürchten sich vor einem Teufel und seiner Hölle. Auch wenn den einen der Erhalt des Jungfernhäutchens wichtig ist und den anderen eher der Verlust der männlichen Vorhaut – diese kleinen Unterschiede sind doch obsolet: Mohammed hatte mehrere Frauen, dafür konnte Jesus über's Wasser gehen und selbiges auch noch in Wein verwandeln. Mohammed lief von Mekka nach Medina, Jesus von Pontius zu Pilatus. Jesus hatte Probleme mit dem Kreuz, Mohammed vielleicht auch. Da steht also einer soliden Männerfreundschaft nichts im Wege. Außer: Über Jesus gibt es jede Menge Witze, aber über Mohammed dürfen keine gemacht werden.

Da in den 1400 Jahre andauernden Auseinandersetzungen zwischen Christen und Moslems trotz nur geringfügiger Glaubensdifferenzen keine Einigung erzielt werden konnte, ist allen Fanatikern zu raten: Gönnen Sie sich eine Therapie, besuchen Sie Humor-Entwicklungsseminare. Das ist einstweilen sinnvoller, als wenn der ungläubige Teil der Menschheit auf religionskritische Satiren verzichten muss.

Übrigens gibt es Untersuchungen, die belegen, auch im arabischen Raum wächst stetig die Zahl der Atheisten: Immer mehr junge Muslime stellen aufmüpfige Fragen, zum Beispiel: »Warum ist es gut, eine Frau wegen Ehebruchs zu steinigen – aber einen 70-jährigen Greis, der eine 10-Jährige heiratet, zu beglückwünschen?« oder: »Warum gab Gott den Homosexuellen Instinkte und verbietet ihnen dann, diese auszuleben?«

Da stehen nicht nur die Mullahs auf dem Schlauch. Die Geistlichkeit aller Konfessionen tut sich schwer, intelligente Fragen auch intelligent zu beantworten. Da ist es anscheinend ratsam, sich zusammenzuschließen und gemeinsam jedweder Aufgeklärtheit den Riegel vorzuschieben: Der Papst und die Organisation für Islamische Zusammenarbeit sind darin einig, man wolle stärker gegen die »aggressive« säkulare Gesellschaft und blasphemische Medienprodukte vorgehen. Da will man also noch eine, dieses Mal aber gemeinsame Front eröffnen.

Funktionäre und Anhänger beider Religionen behaupten ja schon lange unisono, das Grundproblem der menschlichen Gesellschaft sei die Gottlosigkeit. Das ist eine faustdicke Lüge: Die Gottlosen sind nun gerade nicht das Problem auf dieser Welt, die Atheisten drehen den Agnostikern nicht die Hälse um. Es ist die Kombination von unerschütterlichem Glauben und psychopathologischer Persönlichkeitsstörung, die Menschen in einen Heiligen Krieg ziehen lässt. Es sind die frommen Vollidioten, die weltweit keinen Frieden geben: In Irland wie in Indien gehen sie sich an die Gurgel, Schiiten und Sunniten bomben sich gegenseitig ins Jenseits, auf dem Balkan massakrieren sich die Gläubigen, in Russland reißen orthodoxe Spießer das pöbelhafte Maul auf, in den USA predigen religiöse Kretins Kreuzzüge und Kreationismus, und in Palästina hat sich eine muslimische Großmutter als Selbstmordattentäterin in die Luft gesprengt. Nach ihrem Glauben wird die Bombenrentnerin jetzt als Märtyrerin ins Paradies einziehen. Dort erhalten männliche Märtyrer als Belohnung 72 Jungfrauen. Wie wird die Terror-Oma dann belohnt? Auf ewig Schwarzwälder Kirschtorte, Eierlikör satt und zwei neue Hüftgelenke?

Schlichte gläubige Gemüter gehen davon aus, sie könnten ihr irdisches Bewusstsein mit ins Jenseits nehmen. Dann – so ist zu befürchten – entsteht »drüben« dieselbe Welt aus Angst und Grauen, wie schon Baudelaire schrieb. Kant hingegen teilte (in einem Brief an Marcus Herz) mit, es sei nicht vorstellbar, sich etwas bis zum Ende vorzustellen, und ein Ende gäbe es in der Ewigkeit nicht.

Demnach wird der deutsche Mann also im Paradies auf ewig Rasen mähen oder Skat spielen. Aber das ist ja noch erträglich im Vergleich zu den paradiesischen Zuständen im postmortalen Islam: Da hat der lebende Leichnam dann die Verantwortung für 72 Jungfrauen. Was wäre das für eine furchtbare Grausamkeit, und zwar für alle Beteiligten …

Um himmlische Zustände zu erreichen und ihre religiösen Verheißungen zu realisieren, senden die Religionen Missionare und Armeen in alle Welt und befördern Ungläubige und Andersgläubige per Zwangsbeglückung ins ewige Leben. Immer wieder wurde ihnen gesagt, Krieg zu führen im Namen Gottes sei Blasphemie – es nützte nichts. In Namen Gottes bringen sie alles um, was ihnen vor die Schusswaffen läuft.

Bei näherem Hinsehen entdeckt man allerdings: Dass der Krieg eine Glaubenssache ist, diese Einstellung findet sich allenfalls beim untergeordneten Fußvolk. Auf der Kommandoebene aber werden Kriege zur Bereicherung genutzt. Es ging immer um Gold und Silber. Krieg war und ist ein Wettstreit zwischen kriminellen Familien oder anderen Banden um ökonomischen Einfluss und lukrative Beute. Konflikte entzünden sich immer noch an materieller Not und wirtschaftlich ungerechter Verteilung. Aber die Verrückten rechtfertigen und tarnen ihre Kriege mit religiösen Überhöhungen. Religionsfrieden wird es wohl erst geben, wenn sich weltweit die Überzeugung durchsetzt: Alle, die einem religiösen Glauben anhängen, egal welchem, sind partiell unzurechnungsfähig. Gut möglich, dass sich dann auch Juden und Muslime bei der Begrüßung bekreuzigen. Na gut, das Bekreuzigen können sie weglassen, Hauptsache, sie begrüßen sich.

In Deutschland ist man unterschiedlicher Meinung. Ein Bundespräsident sagte, »der Islam gehört zu Deutschland«, ein Ministerpräsident behauptet das Gegenteil. Deutsche Innenminister stellen muslimische Mitbürger immer wieder mal unter terroristischen Generalverdacht, und zur Begründung hörte man: Der Islam ist nicht kompatibel mit der Demokratie.

Bitte – welche Religion ist denn kompatibel mit der Demokratie? Gott ist nun mal kein Demokrat – sein irdisches Bodenpersonal hat sich nur einigermaßen mit der Demokratie arrangiert.

Normale Ungläubige gehen davon aus, der Islam ist – wie alle anderen Religionen auch – eine Glaubensgemeinschaft im Allgemeinen harmloser Menschen, die zwar einer absurden Idee anhängen, aber sonst liebe Leute sind, und einer kleinen Gruppe gefährlicher Leute, die ihre Urteilskraft dem Wahnsinn geopfert haben. Da muss dann der eine oder andere fromme Korananhänger und Familienvater damit rechnen, dass seine Tochter entsprechend Sure 24,2 wegen vorehelichen Sexes mit einhundert Hieben ausgepeitscht wird, dass nach Sure 5,42 und Scharia seinem Sohn wegen Schoko-Ladendiebstahls die linke Hand abgehackt und eine seiner vier Frauen wegen zweier Ehebrüche zu Tode gesteinigt wird. Na gut, so etwas passiert in Saudi-Arabien. Wenn alle Korangläubigen in Deutschland ihren Glauben so ungebremst ausleben würden, wären etliche Städte schon schwer verstümmelt oder sogar ausgerottet.

Intelligente Politiker jedoch, die ja durchweg Islam-Experten sind, betonen, dass die islamistischen Terroristen nichts mit dem Islam zu tun haben. Daraus kann man schließen, dass der ganze Islam eigentlich nichts mit dem Islam zu tun hat. Das ist beruhigend, zumal wenn man in Betracht zieht, dass ein großer Teil der Türken mit dem Islam noch weniger am Hut hat als viele Deutsche mit ihrem Christentum. Der ungläubige Mitbürger sagt sich leicht resigniert: Ich misch' mich da nicht ein – im Islam müssen Mädchen mit Beginn der Pubertät ein Kopftuch tragen, weil die Ohren der Frau als Geschlechtsteile gelten, im Vatikan dagegen ist es Frauen untersagt, nackt zu einem Gottesdienst zu erscheinen. Verklemmt sind sie alle. Nur – wenn man die türkische Kopftuchmama sieht, diese meist rundliche Gestalt, die in knöchellange Mäntel eingerollt und mit Kindern und Plastiktüten beladen durch deutsche Städte wandert, dann fragt man sich: Was geht der wohl durch den Kopf? Was denkt die? Was empfindet sie angesichts der Schreckensweiber im »Dschungelcamp« und der Promi-Erscheinungen, die im Fernsehen ihre Silikontitten, die ballonförmig aufgespritzten Lippen, hinter den Ohren vernähten Nasenflügel und Rückenausschnitte bis zur Offenlegung der Musfuge vorführen? Und was fühlt sie, wenn sie »Verbotene Liebe« sieht oder »Bauer sucht Shopping-Queen«? Die hält doch alle Deutschen für verrückt!

Ein gewisser Cittinius machte im Jahr 180 eine Aussage vor dem römischen Prokonsul in Karthago: »Wir verehren niemand außer dem Herrn, der im Himmel ist«, sagte er. Cittinius wurde laut Urteilsspruch Gelegenheit gegeben, zur römischen Lebensart zurückzukehren. Weil er das ablehnte, wurde er verurteilt und hingerichtet.

Ein gewisser Abdul Rahman erklärte im Jahr 2006 vor einem Richter in Kabul: »Ich bin Christ und glaube an Jesus Christus.« Auch Abdul Rahman hätte lediglich der Aufforderung des Richters folgen und zum Islam zurückkehren müssen, um der Todesstrafe zu entgehen. Das tat er nicht. Daraufhin wurde er vom zuständigen Gericht in Kabul für unzurechnungsfähig erklärt, was ihm den Henker ersparte. In Afghanistan muss man also verrückt sein, wenn man sich in religiösen Dingen so verhält, wie es Abdul Rahman getan hat.

Daran kann man sehen: Der Fortschritt der Menschenrechte marschiert unaufhaltsam. Das Christentum kam in seine aggressivste Phase nach rund 1200 Jahren mit der Inquisition. Nach 1700 Jahren, ab der Aufklärung, musste es sich dann etwas zügeln. Der Islam ist etwa fünfhundert Jahre jünger als das Christentum. Billigt man auch ihm 1700 Jahre Entwicklung bis zur Erreichung gewisser humaner Umgangsformen zu, kommt man zu dem Ergebnis, dass sich der Islam etwa im Jahre 2200 so weit zivilisiert hat, dass man mit einigen, die aus ihrer Moschee ausgetreten sind, gepflegt über Gott und die Welt ablachen kann. Also: Lasset uns beten!

Lieber Herr oder verehrte Dame oder allmächtiges Tier – ich verstehe natürlich, dass du nicht alle Idiotien, Übel und Verbrechen aus der Welt ausrotten willst – du würdest dich dann furchtbar langweilen.

Aber ich bitte dich doch, alle Politikerinnen und Politiker, die von Allgemeinwohl sprechen und nur ihr eigenes Wohlergehen meinen, mit bunt schillernden

Furunkeln auf der Stirn, in den Ohren, ferner zwischen den Schulterblättern, wo man sich nicht kratzen kann und, sofern vorhanden, am Penis auszustatten.

Treibe alle, die vollmundig Sozialpolitik predigen, aber asoziale Entscheidungen treffen, bei bitterer Kälte unter die Brücken, lass sie sich mit neoliberalen Zeitungen zudecken und verordne ihnen eine Diät aus Mülleimern und Papierkörben.

Lass die Funktionäre des Gesundheitswesens von morgens bis abends mit den Zähnen klappern und knirschen, und lass sie dabei spüren, wie es sich mit verfaulten Zähnen, die noch nie einen Zahnarzt gesehen haben, klappert und knirscht.

Mach' alle, die sich auf Kosten anderer bereichert haben, Banker, Spekulanten, Börsenschieber, alle die durch Lohndumping stinkreich wurden, mach sie zu Armen und Obdachlosen: räum ihre Konten ab, vernichte ihre Wertpapiere, Investmentfonds und Schuldverschreibungen, setze sie aus ihren mächtigen Positionen ab, lass' sie müden Schrittes durch die Flure der Sozialämter schleichen, reduziere ihre Kommunikation auf die Unterhaltung mit Gerichtsvollziehern und öffne ihre Villen und Paläste für Menschen, die vor Krieg und Hunger zu uns geflüchtet sind.

Ich bitte dich, lass' alle Politiker und ihre Anhänger, die meinen, schwarzen und andersfarbigen Menschen ginge es bei uns zu gut, morgen mit kohlpechrabenschwarzer Haut aufwachen, auf dass sie alle Segnungen erfahren, deren die Asylsuchenden bei uns teilhaftig werden.

Ich bitte dich ferner, mach' die Kinder von allen Abgeordneten, die ständig von Familie sprechen und doch nur ihre eigenen verklemmten Moralvorstellungen im Sinn haben, stockschwul, und mach alle Abgeordneten, die glauben, ihre Vorstellungen von »Normalität« allen anderen Menschen aufzwingen zu müssen, ja, mach sie drogensüchtig, damit sie sich selbst überall verjagen oder in den Knast schicken müssen.

Ganz besonders bitte ich dich, Allmächtige oder Allmächtiger oder hohes Tier, versetze all diese jungdynamischen Politiker, die so entschlossen über Krieg oder nicht Krieg entscheiden und das als Friedensbemühungen verkaufen, obwohl sie wegen ihrer Jugend keine Ahnung haben, was Krieg wirklich ist, versetze sie 70 Jahre zurück: lass' einen Bombenhagel auf sie und ihre Familien fallen und verschütte sie in ihren eigenen Kellern. Schick sie ohne Nahrung und ausreichende Kleidung zu Fuß auf die Flucht und lass ihre Frauen und Kinder von Tiefliegern attackiert werden oder auf Minen treten.

Und schließlich bitte ich dich noch, deine Gesalbten, die frommen Herren der heiligen römischen Kirche, mit Eierstöcken, ungewollten Schwangerschaften und einer Broschüre über Verhütungsmethoden zu beglücken. Amen.

11. Dicke Socken

Es wäre schön, würde uns die Satire gestatten, ohne sie auszukommen. Egon Friedell, der wunderbare österreichische Schreiber, notierte: »Der Satiriker weiß, dass nichts ganz wichtig und ganz ernsthaft ist: Daher kann er sich über alles hinwegsetzen und über alles lachen. Aber ebenso gut weiß er, dass nichts ganz unwichtig und lächerlich ist: Daher nimmt er wieder eigentlich alles ernst und setzt sich über nichts hinweg.«

Der schottische Autor Matthew Hodgart ergänzte in den 1960er Jahren: »Dem Augenschein nach will der Satiriker unterhalten. Aber bei einer guten Satire verbirgt sich hinter dem Gelächter, das sie mit ihrem Spott, den brillanten Formulierungen und dem Vergnügen an der Entlarvung verlogener Autorität erzeugt, die Kritik am Bestehenden, der Protest gegen eine Gesellschaft, die sich selbst, nicht aber den strengen Maßstäben des Moralisten genügt. Die Forderung nach Selbsterkenntnis lässt dem Angegriffenen dabei noch den Ausweg offen, sich vor Vergnügen auf die Schenkel zu schlagen ...«

Und schließlich noch einmal Kurt Tucholsky: »Es gibt ja nun Satiriker so großen Formats, dass sie ihren

Gegner überdauern, ja, der Gegner lebt nur noch, weil der Satiriker lebt. Ich werde nur das Misstrauen nicht los, dass man den Ehrentitel ›großer Satiriker‹ erst dann verleiht, wenn der Mann nicht mehr gefährlich, wenn er tot ist. Der gestorbene Satiriker hat's gut. Denn nichts ist für den Leser süßer als das erbauliche Gefühl der eigenen Überlegenheit, vermischt mit dem amüsanten Bewusstsein, wie gar so dumm der Spießer von anno tubac war. Nun gehört aber zur Masse immer einer mehr, als jeder glaubt – und die Angelegenheit wird gleich weniger witzig, wenn's um das Heute geht. Dem Kampf Heines mit den zweiunddreißig Monarchien sieht man schadenfroh und äußerst vergnügt zu – bei Liebknecht wird die Sache gleich ganz anders.«

Deswegen abschließend eine Geschichte, die für Freundschaft und Menschlichkeit im Universum wirbt: »Der Kleine Prinz« von Antoine de Saint-Exupéry. Nach wie vor erhalten alle Jahre wieder Millionen Konfirmanden diese schlichte Schnulze als Anleitung zum Überleben im Universum. Das folgende Kapitel erzählt, wie der kleine Prinz nach dem Besuch bei dem Geographen auf dem sechsten Planeten und bevor er die Erde erreichte, eine Zwischenlandung auf dem Planeten der esoterischen Frauen machte:

Dieser Planet war besonders sonderbar. Es gab dort Frauen-Autobahnen, Frauen-Friedhöfe, Frauen-Elemente und sogar ein Frauen-Klima. Als er auf dem Planeten ankam, grüßte er die Frauen ehrerbietig.

»Guten Tag. Was ist das für ein lustiges Haus?«, sagte der kleine Prinz, »was machen Sie da?«

»Das ist unser Natur- und Eine-Welt-Laden in 71336 Waiblingen«, sagten die Frauen.

»Das ist sehr interessant«, sagte der kleine Prinz. Und er betrachtete den Planeten der esoterischen Frauen. Er hatte noch nie einen so fraulichen Planeten gesehen.

»Er ist sehr schön, Euer Natur- und Eine-Welt-Laden in 71336 Waiblingen. Was macht Ihr darin?«

»Frauen-Veranstaltungen und Frauen-Seminare«, sagten die Frauen.

»Was sind Frauen-Seminare?«

»Da haben kleine lästige Kerlchen wie du nichts zu suchen.«

»Warum?«, fragte der kleine Prinz.

»Weil du keine Frau bist. Du bist nur eine Person mit reduzierter Gebärfähigkeit.«

Das machte den kleinen Prinzen traurig.

»Ich glaube wohl, dass ich jetzt gehe«, sagte er, dann brach er mit einem Seufzer auf. Das war den Frauen auch nicht recht. Sie sagten:

»Das Angebot ist vielfältig und interessant: Fit mit Zilgrei, mit einer echten Zilgreilehrerin«.

»Ich kenne einen alten Säufer, der war früher Vertreter für Wurmkomposter, ich glaube, der hatte damit mal zu tun«, sagte der kleine Prinz.

»Nein«, sagten die Frauen, »das glauben wir nicht, bei Zilgrei müssen wir bequeme Kleidung und warme Socken anziehen.«

»Aha«, sagte der kleine Prinz.

»Und dann lernen wir Kinesiologie«, sagte eine der Frauen, »das ist ein Brain-Fit-Studio, das muss ich machen, wenn ich als alleinerziehende Mutter glaube, dass in meinem Kind mehr schlummert, als es bisher lebte. Dafür muss ich dann eine Decke und dicke Socken mitbringen.«

»Oh, diesmal dicke Socken«, sagte der kleine Prinz, »fürs Brain?«

Aber die Frauen verstanden seinen Witz nicht.

Eine andere sagte: »Dann gibt's ein Seminar: ›Trennung – und jetzt? Arbeit an der Beziehungsfähigkeit‹. Da stellen wir uns mit einer Diplom-Lebensberaterin unseren Gefühlen. Da ist es wichtig, dass wir Decke, Kissen und dicke Socken mitbringen«.

Der kleine Prinz wunderte sich: »Dicke Socken? Beim Trennungsseminar?«

»Es ist wichtig«, sagten die Frauen.

»Oh, bei mir zu Hause«, sagte der kleine Prinz, »ist nicht viel los. Ich habe drei Socken. Zwei Socken in Tätigkeit und einen als Reserve. Man kann nie wissen.«

Eine der Frauen sagte: »Du müsstest mal zu Reiki: Die Kraft der Selbstreinigung für Körper, Seele und Geist.«

»Scheiß dich frei, hab Spaß dabei!«, sagte eine andere.

Und eine dritte ergänzte: »Muss man aber auch Socken mitbringen.«

»Gibt es bei Euch denn gar nichts ohne Socken?«, fragte der kleine Prinz.

»Doch«, riefen alle durcheinander, »bei der Aromamassage muss man keine Socken, aber ein Handtuch mitbringen. Aura-Soma-Pomander, Steinorakel und 21 Chakren kommen auch ohne Socken aus«.

»Ich glaube, ich finde mit Socken interessanter«, murmelte der kleine Prinz.

»Bei der Klangmassage mit tibetischen Klangschalen muss man Decke und Socken dabei haben«, riefen die Frauen, »auch zum Meditationsabend: Wollsocken! Da geht gar nichts ohne Socken!«

»Warum eigentlich?«, fragte der kleine Prinz.

»Weil«, sagte eine der Frauen ernsthaft«, »weil in dreiwöchigem Abstand angeboten wird: Socken und Strümpfe stricken! Strickexpertin Walburga beantwortet alle unsere Fragen rund ums Sockenstricken. Und da gehen wir dann immer alle hin«.

»Auf Socken?«, fragte der kleine Prinz, aber er erhielt keine Antwort.

Eine dicke Frau war erschienen, die wild einen Knüppel schwang.

Der kleine Prinz wich einen kleinen Schritt zurück.

»Wer ist das?«, fragte er, »was will die?«

Eine der Frauen flüsterte ihm zu, das sei eine Dozentin vom Frauenforum e.V. in Kassel, eine Amerikanerin, die unheimlich was drauf habe.

»Das sehe ich«, sagte der kleine Prinz.

Die Dicke baute sich vor den Frauen auf und rief:

»Durch die Bewegung von dir mit eine selbstgesuchte Holzstock kannst du Öffnen als eine neue Form von Schutz für dich erfahren. Du kannst jede Moment anhalten und deine Wahrnehmung trauen. Die Arbeit mit die Stock kann Selbsterfahrung, ein Weg zur Selbstverteidigung als auch eine Weg zum Tanz mit dir und andere Lesben sein, um auf liebe und kraftvolle Weise deine Bewegungsvielfalt spielerisch zu erinnern.«

Da geschah es zum ersten und auch einzigen Mal auf seiner Reise, dass der kleine Prinz von seiner Möglichkeit, zornig zu werden, Gebrauch machte. Er, der alle Sprachen sprechen konnte, schnauzte die dicke Amerikanerin an:

»Man sollte dich mit die selbstgesuchte Stock mal auf die Fingerchen schlagen, nicht nur wegen das Verhunzung von die Sprache und das Grammatik, sondern auch wegen die angehaltene Wahrnehmung von das Bewegungslust in die liebe Stockenergietanz von die heterosexuellen Frauen. Dürfen die heterosexuellen Frauen nicht dem großen Stockenlustgewinn erfahren in die tägliche

Kursus? Müssen die spielerisch erinnern nur den Staub-saugervielfalt und der Arbeit mit das Putzfeudel?«

Bevor es zu Handgreiflichkeiten kam, öffnete sich die Tür vom Natur- und Eine-Welt-Laden in 71336 Waib-lingen, und die esoterischen Frauen gingen hinein. Es war Zeit für Zilgrei mit warmen Socken.

Und der kleine Prinz machte sich davon.

Die esoterischen Frauen sind entschieden sehr verwun-derlich, stellte er auf seiner Reise fest.

Solche grenzüberschreitenden Begegnungen sind nicht jedermanns Sache. Es ist eben ein feministisches Öko-Mysterienspiel mit mythologischen Nebenaspek-ten, eine mentale Mixtur aus Bauernschwank, Bio-Agitation, Gefühlskälte und warmen Socken.

In einem Gebet von Thomas Morus lautet der Schluss: »Herr, schenke mir Sinn für Humor, gib mir die Gnade, einen Scherz zu verstehen, damit ich ein we-nig Glück kenne im Leben und anderen davon mit-teile, und gib mir die Kraft, mein Schicksal lächelnd zu ertragen und mich satirisch dagegen zu wehren.« Dem schließt der Autor sich an.

ENDE

448 Seiten
ISBN 978-3-86489-051-2
€ 22,99
Auch als eBook erhältlich

»Karl Kraus lässt grüßen«
Fritz J. Raddatz

In einer Art Sittengemälde der Bundesrepublik erzählt
Henning Venske anhand seines Lebensweges die
Geschichte dieses Landes, wie sie wahrscheinlich
noch nie erzählt wurde. Stets ist sein umfassendes
künstlerisches Schaffen als Moderator, Schriftsteller,
Schauspieler und Kabarettist eine Reflexion auf die
politischen und gesellschaftlichen Verhältnisse: Willy
Brandt, die Gründung der Grünen, die langen Kohl-
Jahre, Schröder als Ministerpräsident und als Kanzler,
die Jahre bei der »Lach und Schieß«, Mutlangen, die
Schleyer-Entführung, die FDP. Vor allem aber besticht
das Buch durch die zahlreichen persönlichen Erlebnisse
Venskes, die die Ereignisse der letzten fünfzig Jahre
immer wieder in ein anderes Licht stellen.

224 Seiten
ISBN 978-3-86489-081-9
€ 12,99
Auch als eBook erhältlich

Dieses Buch über »Die Termiten« nährt
die Vermutung, dass die feine Gesellschaft
genauso unfein ist, wie wir das schon immer
vermutet haben.

Da tritt kein einziger anständiger Mensch
auf. Kein Wunder, dass am Ende der Leser
einen Todesfall für ein Happy End hält.

256 Seiten
ISBN 978-3-86489-065-9
€ 19,99
Auch als eBook erhältlich

Vom Erlebnis des ersten Bombenangriffes als
Kind über das Kriegsende, die Schulzeit, das
Studium, den Journalismus, das Fernsehen bis
zum Schritt auf die Bühne.

Das fesselnde, unterhaltsame und
provozierende Spektrum eines politischen
Menschen.